Claire Etcherelli

A propos
de Clémence

Denoël

*Tous droits de traduction, de reproduction et d'adaptation
réservés pour tous les pays.*
© *Éditions Denoël, 1971.*
ISBN 2-07-036320-1
(précédemment publié par les Éditions Denoël
ISBN 2-207-28103-5)

Parce qu'il va pour la première fois tenir un rôle principal, Simon, un comédien à la carrière modeste, rencontre Gabrielle Fardoux. Elle est l'auteur de *Clémence,* récit autobiographique, adapté et joué par Simon sous le titre *Un homme fatigué.* A travers le personnage de Clémence, il cherche à saisir la véritable personnalité de Gabrielle. Et c'est, traitée en rapides séquences, toute l'histoire de Clémence qui va se dérouler devant nous, c'est-à-dire celle du couple qu'elle forme avec l'émigré espagnol Villaderda.

Villaderda, ancien dirigeant de la guerre d'Espagne, a un passé héroïque et un présent dérisoire d'homme gorgé de désillusions, déraciné, d' « homme fatigué ». Il rencontre Clémence au moment où la tentation le saisit de quitter les chemins arides de la lutte permanente, de s'intégrer, d'être un homme comme tant d'autres dans la société où il doit vivre. Clémence l'aime et cherche à comprendre ses accès de méfiance maladifs, ses crises d'ivrogne, ses élans de tendresse sans suite. Cette présence est pour Villaderda en même temps bénéfique et insupportable. Bientôt c'est la rupture, inévitable, prévisible, douloureuse.

Gabrielle Fardoux et Simon ne réussiront pas davantage à se rapprocher.

Ici, comme dans *Elise ou la vraie vie*, on chercherait en vain une analyse psychologique, des explications, des déclarations de principe : Claire Etcherelli dessine des attitudes, saisit au vol, d'un trait sensible et sûr, des gestes, des dialogues, des visages. A nous de juger. Autour de l'énigmatique Clémence (toute de douceur, de retenue, de patiente lucidité) c'est un monde qui se recrée : celui de la fatigue des pauvres, de leur refus profond dans l'ombre permanente d'une hypocrite répression. Des baraques boueuses du bidonville à la chambre solitaire des banlieues ouvrières en passant par la file d'embauche devant l'usine et le magasin où triment des employées mal payées, une secrète et clairvoyante compassion anime l'univers de Claire Etcherelli.

Cette jeune romancière est née à Bordeaux en 1934 d'une famille très humble. Son père est tué par les Allemands pendant la guerre. Elle obtient de ce fait une bourse qui lui permet de faire des études pendant quelque temps. Elle vient ensuite à Paris et, dénuée de tous moyens de vivre, travaille en usine, à la chaîne pendant deux ans. Elle utilise son expérience en usine pour écrire son premier roman qui sera publié : Elise ou la vraie vie, *roman qui rencontrera un immense succès, sera couronné par le Prix Fémina 1967 et qui inspirera le film réalisé par Michel Drach.*

SIMON

> *Nous sommes,* a-t-elle écrit, *de patients rongeurs.*

« Gabrielle Fardoux, écoutez-moi. Je suis ici pour parler de Villaderda. De cet ivrogne de Villaderda. Je veux en apprendre davantage. De vous qui savez, j'attends, je guette le mot, le mince mot, la trouée dans ce muret que vous élevez patiemment depuis trois jours. Dès que vous m'avez vu, vous avez posé entre moi et vous quelques paroles larges et lourdes comme les pierres d'un gave. Un muret, ai-je dit, pas autre chose; elle est dérisoire votre défensive et vous le savez bien. Vous avez, affirmez-vous, tout livré de Villaderda en cent quarante pages d'un roman dont il s'est vendu trois cents exemplaires. Nous avons depuis peu votre accord, nous adoptons *Clémence*. A moi le rôle de Villaderda. Dans six semaines commenceront les répétitions. La municipalité de M... nous offre son théâtre, un œuf de béton entre le gymnase et le dispensaire. *Nous sommes de patients rongeurs*, vous l'avez écrit. Vous Gabrielle Fardoux /Clémence, une même personne n'est-ce pas?

Vous n'aimez pas l'entendre dire. Vous me l'avez signifié, sèchement. C'est la deuxième pierre que vous avez posée. La plus large, la plus haute, contre quoi s'écrasent toutes ces tentatives, ces efforts que je déploie pour vous faire parler d'eux, de lui surtout, de Villaderda. »

Simon tourne la tête vers cette fin de gare, vers le faisceau des rails vu du parapet qui sectionne le boulevard, ce décor de charbon, survolé par un nuage énorme, sombre et tentaculaire, un animal terrifiant, rat monstrueux qui tient Paris entre ses griffes. Tout le temps qu'il a préparé ces propos résolus dont il ne dira pas un mot, le rat s'est composé, nuage sur nuage. Ses pattes maintenant touchent le nœud des rails au fond du ciel. Alors Simon ouvre la bouche :

— Gabrielle Fardoux, je vous ai retenue trop longtemps.

Elle regarde par la vitre du café.

— La pluie est proche, dit-elle, je vais partir.

Je vais traverser la rue de Rome, m'appuyer au parapet en surplomb de la voie et là je me demanderai que faire de ma soirée. Rentrer lire et dîner en tournant les pages d'un livre? Je vais à droite? à gauche? Vers Clichy? Vers Villiers?

— En courant, vous serez chez vous avant l'averse.

Elle n'ose pas hésiter.

— Je vous écrirai. Et quand nous commencerons à répéter...

Elle viendra, c'est promis.

Hier au soir, la pluie noyait les rues; le soleil ce matin les a laborieusement épongées. Simon lit, mange, il lit et mange, il secoue les miettes coincées dans les pages. La chambre mise en ordre, il s'allonge à moitié, les mains vides, sans livre ni journal. Par la fenêtre dans un certain angle ouverte sur la rue, se projette le soleil en triangle jaunâtre d'où jaillit la vague et sa couleur exceptionnelle et son odeur grisante et cette furieuse musique de l'océan. Alors l'image s'étire, le sable, le ciel, la dune, les bosses d'herbe, la plage entière cernent Simon.

Ce qu'il fallait dire à Gabrielle Fardoux : la plage, le souvenir intact trente années après. Page quatre-vingt douze : *Un après-midi*, raconte Clémence à Villaderda, *j'ai traversé la forêt de pins assise entre mon père et l'un de nos voisins qui conduisait la charrette. Il a ralenti, le terrain sablonneux gênait la course du cheval. Derrière les arbres maigres une forme indistincte, une nuée mousseuse, flasque et grisâtre l'instant d'après. Les troncs noirs des pins entouraient cette mer lointaine d'une grille aux barreaux épais, infranchissables. Mon père a dit : « C'est l'océan » et bientôt nous avons rejoint la route goudronnée. Voilà ce que je sais de la mer.*

Parler à Gabrielle Fardoux de l'odeur des fougères sèches. En Simon, elle est demeurée entière, inaltérée, âcre et vive autant que cette année-là. J'avais treize ans, pour la première fois je partais en colonie. Ma mère m'avait gardé près d'elle chaque été. Du 14 juillet au 1er octobre, je jouais dans la rue, elle me surveillait de la fenêtre. « Pas à la colonie, ils sont tous mal tenus, ils mangent mal, ils attrapent des poux. » Moi de renchérir avec des histoires de garçons battus, noyés. La colonie, c'était le prolongement de l'école, la discipline, la sieste surtout. A moi la rue, la liberté, les rigoles fétides, les longs étés à Paris. Et puis des garçons ont parlé de la mer, de ballons dans l'eau. Ma mère n'en est pas revenue, j'ai commencé son siège dès janvier. Je suis parti, elle pleurait. Et quel éblouissement! Tout ce que j'avais lu, c'était vrai. Les poèmes, les morceaux choisis, les lectures expliquées, c'était vrai. L'océan vert, l'océan gris, les ors, les pourpres, c'était vrai. Auprès de la grange transformée en dortoir, des roseaux encerclaient un puits condamné. Le soir, j'échappais à la douche, je me glissais entre les tiges. Une boule de feu descendait lentement derrière la dune. Les longues feuilles des roseaux devenaient noires. Noire aussi la colline de sable à la mort du soleil. C'était donc vrai les couleurs, les métamorphoses, vraie la transfiguration sans fin de la nature. La nature aussi c'était vrai.

S'il lui racontait cela, Gabrielle Fardoux le questionnerait-elle? Il continuerait à se souvenir tout haut. Son père descendait de sa bicyclette. Voluptueuse odeur de colle forte et de bois jusque dans la cuisine. A l'atelier il fauchait un peu, il bricolait à la maison. La sœur aînée ramassait les copeaux, jouait à la marchande. Un soir, l'instituteur le convoque : « Votre fils est intelligent, il faut qu'il continue. »

« Intelligent! » Pour d'autres qu'eux, une évidence. Un enfant doit être intelligent comme il doit posséder deux pieds. L'accablement de son père... « C'est bien la peine, a-t-il souvent grogné, de l'avoir poussé aussi loin... »

« Aussi loin », et moi je sentais mes limites. Mais je sentais aussi de jour en jour croître mon ardeur à les reculer. J'en ai soulevé les bornes écrasantes et j'ai avancé d'un pas titubant. Quand les autres savaient le lire, j'épelais encore le monde. Cette sueur de ma jeunesse, je n'en fais pas une sainte huile, une relique sacrée devant laquelle je vais me recueillant. Me voilà sain et sauf, entier, vivant, rien de plus que meurtri par la périlleuse traversée, et je salue bien bas les amputés de l'espérance, ceux qui, à peine poussées leurs ailes, ont rejoint les cages noires, les égouts, les citernes géantes, les champs aux sillons infinis, les grues et les cales.

Autrefois, il ne manquait pas d'emprunter la rue de Chéroy, c'était un pèlerinage, un rite. Souvent, l'envie de pénétrer dans un théâtre clos le saisissait, brutale, irrépressible. Un théâtre vide, silencieux, émouvant comme une église abandonnée. Ce n'est pas seulement l'heure aujourd'hui qui le presse d'avancer, mais une ingratitude encore neuve, délectable.

« Le reste de la distribution : Chose, Simon et Chose, est excellent. » Toujours excellent et toujours dans le reste. Et pour parvenir à ce reste, des années d'attente dans les rues de Paris. Le fameux dédoublement du comédien, il l'a pratiqué à l'extrême, multipliant par deux et beaucoup plus encore une existence indécise où s'entremêlaient, se superposaient les rôles les plus divers, pareillement muets partout, coursier, plongeur, manutentionnaire selon les années, soldat, clochard ou valet au gré des théâtres. Venu par hasard contre les planches de la scène et resté là, il avait dû tout lire, tout apprendre seul, jusqu'au mime, jusqu'à l'art d'agiter les fils des marionnettes pour les enfants des écoles. Un temps, il avait ainsi assuré son existence; la valise à la main, il retrouvait ses compères dans des trains de banlieue qui étaient comme les maquettes des grands départs en tournée. Le soir même, il courait au théâtre, car son austère entêtement l'amarrait enfin où le hasard l'avait jeté. Dans les programmes, sous sa photo, deux lignes maintenant résumaient cette vie « d'acteur complet à la carrière déjà bien remplie, né à Paris en 1925, qui a participé à de nombreuses créations classiques et d'avant-garde ». En vérité, ces quatre lignes entouraient sa vie comme un mur ; à l'intérieur de ce cloître aux décors fixes — les banlieues, les festivals de province, le Périgord, la Touraine, un pan de mur crénelé, fêtes annuelles d'entreprises, hangars d'usines avec, pour tréteaux, les planches des chantiers, la parade explicative, la discussion finale — il demeurait le desservant de troisième ordre. Alors, ce soir, il n'a pas même tourné la tête vers la porte rouge fébrilement poussée quelques années plus tôt. La veille, il parcourait M... de la mairie au théâtre. La rue commerciale à l'heure du marché.

— Très bien, très bien, disait l'adjoint, chez nous douze pour cent de la population d'origine espagnole ! Nous organiserons des soirées spéciales, des débats...

Ils traversaient entre les camions. Simon inquiet :
— Vous connaissez le livre de Gabrielle Fardoux ?
— Notre amie Suzanne nous en a fait le résumé.

Trois marches à monter. Un homme assis sur la troisième, il ne fait rien, il est à l'ombre, Simon tout à coup écrasé, saoul d'une joie froide et dure. Il a marché en large et en diagonale sur le plancher de la scène. Il est sorti, il a écrit à Gabrielle. Il voulait la rencontrer, une fois encore, vite. Les choses se précipitaient. Important de parler ensemble. En cas de refus, il n'insisterait plus et s'en sortirait seul. Il entre. Assise au fond du café, Gabrielle l'attend.

Une belle chambre rouge et blanche. Il arrive à Simon d'en pousser la porte comme un visiteur imaginaire qui la découvrirait et son étonnement satisfait renaît à chaque fois. Pas du tout ce qu'on supposerait : un désordre de livres et de linge, une odeur de vin, de cigarettes, de charcuterie bon marché, un étalement de souvenirs. Non, chaque objet qu'il aime est enfermé, les marionnettes ici dans une malle — malgré Suzanne qui s'obstine à les pendre autour du lit quand elle lui rend visite — les photos couchent dans une boîte et la boîte dans un tiroir, le tiroir intérieur de l'armoire. Tout à l'heure il les sortira pour Gabrielle Fardoux, ils s'amuseront à les regarder. Cinq soirées épuisantes à tourner avec elle autour du square des Batignolles : duos de silence, longs monologues pendant lesquels il s'efforçait de capter l'attention de Gabrielle, comme un haltérophile, muscles tendus. Il s'en rendait compte, elle écoutait à peine. Alors il ne comprenait plus lorsqu'il se hasardait à lui dire « à demain? » qu'elle acquiesçât « oui oui à demain ». Chaque matin il retrouvait Suzanne qui écrivait un remarquable dialogue. Suzanne apportait au texte des nuances, une perfection dans le choix des mots, qui épaississaient encore le personnage de Villaderda. Simon s'efforçait de l'expliquer à Gabrielle. Il voulait son approbation. Par avance elle se déclarait satisfaite. Et cette indifférence le scandalisait.

Hier au soir, il a menti à Gabrielle. Ils allaient atteindre le pont Cardinet par une rue silencieuse. A leur droite, une maison, un homme en poussait la porte. Ç'avait été furtif, la vision du corridor clair, dallé, la lumière venant d'une pièce ouverte à gauche. Une voix avait crié : « Allons, c'est prêt ! » Une voix de la même teinte que cette lumière feutrée. Une vision rapide, rien de plus, qui avait figé leurs pensées pendant quelques secondes. Reprenant l'interrogation de Gabrielle qui s'étonnait : « Vous êtes donc seul ? » il avait répondu oui, à cet instant précis où se superposaient la question et cette image douce, lisse comme la porte, la maison, la rue. De quelle manière dire à Gabrielle Fardoux qu'on a quelqu'un dans sa vie ? Cela paraissait meurtrier. Elle vous écoutait sans paroles ni gestes quémandeurs qui vous auraient contraint au mensonge. Un patient rongeur. Grignotage invisible et silencieux.

Il doit descendre avant qu'elle n'arrive. Il achètera quelque chose à manger, une bouteille. Il demandera qu'on les ajoute à son compte. Son chéquier ne sert plus. Le dernier cachet, c'était en décembre. Personne depuis ne l'a distribué dans un rôle. Une année vide. Suzanne l'a aidé. S'il l'appelait, elle s'efforcerait de le dépanner. C'est elle qui l'a introduit à la mairie de M...

La chambre devient noire. La pluie dehors polit l'asymétrie des toits. Sous l'averse ils se coupent et se rejoignent en des polygones argentés.

A l'extrême horizon, des nuages avancent en bataillons serrés pareils à des chevelures d'arbres poussés par la tempête.

— Ne dirait-on pas « la forêt qui marche »... ?

Gabrielle a seulement souri. Gêné, il parle de café chaud.

A l'entrée de la cuisine où il rince la cafetière, Gabrielle apparaît. « Pas de café pour moi », dit-elle. Tandis qu'il se retourne, la phrase l'atteint comme une pierre... *Je ne boirai pas de café, dit Clémence. Villaderda devint furieux. Il en était certain, elle voulait abréger leur veille, elle choisissait de s'endormir.*

Sa joie tombe, s'emiette. Parfois, croisant les yeux de Gabrielle, il détourne les siens, il craint l'indécence de ce regard qu'il porte sur elle. Mêlée à toutes les expressions de la chaleur, de l'amitié, les éclopés, les rescapés sans doute la devinent, cette curiosité, dard fiché au centre de l'œil le plus tendre. Simon ne démêle pas ce que deviendront leurs gestes, ce qu'ils finiront par se dire. Une femme, un homme, une chambre. Bienheureux les hâtifs, les simplificateurs. Confusément il le sait, il ne quittera pas les sentiers parallèles. Plusieurs années auparavant, au soir de leur rencontre, alors qu'ils se cherchaient à travers leur passé linéaire et tranquille, Suzanne avait affirmé : « La passion d'amour n'est que le baume des vies creuses. »

Une phrase qu'aurait pu prononcer Villaderda mais que démentait le récit de Clémence — enfin de Gabrielle Fardoux —, et la voici aujourd'hui assise dans sa chambre, et quelles paroles, quels gestes inventerait-il qui ne seraient une répétition fade? Et si ce n'était pas Gabrielle qui se prêtait ainsi au parallèle, il ressentirait lui-même le ridicule de la comparaison. Devant elle, debout et gêné, il boit d'un trait le café qu'il vient de préparer.

Gabrielle sait bien, il faut en venir là. Jeter ce nom. Simon attend-il autre chose? La pluie violente, l'obscurité subite l'ont obligé d'allumer les deux lampes rouges aux angles du divan. Sa retenue est plus bavarde, plus insistante que ne le seraient des questions. Le répit prend fin.

A cause de Villaderda. Je suis ici à cause de Villaderda. Pas dupe, non. Sans lui, serais-je ici? Parler, encore. Pour façonner ce chant d'amour raté, j'ai bâillonné Clémence. Et de l'aplatir, de la broyer et de feindre d'oublier qu'elle existait avant Villaderda, j'ai perdu la mémoire de moi-même. Mensonges. Ils sont là, frais et intacts, les souvenirs, un beau trésor jalousement capitalisé en guise de dot pour l'amant à venir. Pernicieuse tumeur. Jusqu'aux fibres anciennes d'avant, bien avant Villaderda, jusqu'à lui et lui compris, s'est répandu le mal. Encore un peu de répit. Je prolongerai lâchement mon espoir et gagnerai du temps sur ma solitude.

Une certaine Suzanne, celle-là même qui corrigeait les fautes d'orthographe de ses épreuves, avait un jour parlé de Simon.

— Il attend un rôle comme celui-là. Voyez-le, il vous expliquera notre idée mieux que moi.

Simon devant elle qui lui ouvrait la porte, osseux et long, retenu et précis. Elle avait été touchée. En rien il ne ressemblait à Villaderda. Et il s'accrochait obstinément à ce projet. Une fois, elle avait manqué lui saisir la main (pourquoi penser déjà « une fois »? c'était la veille). L'intérieur d'une maison entrevu par la porte ouverte. Lumières tièdes, voix venant du fond d'un corridor. Flash odorant, image banale et qui pourtant avait tendu entre elle et Simon une arche invisible. Tous deux faisaient partie de l'univers des chambres. Villaderda pareillement. Mais Villaderda enrageait, la sécurité des autres l'écorchait.

Le voici qui allume la bougie sur l'étagère. Content de lui, de son décor. Ses yeux se plissent, il souffle sur l'allumette. Quel est son âge? Sous la flamme de la bougie son visage est fait d'os et de peau plissée. Une jeunesse fripée. A peine le questionne-t-elle sur l'avancement du travail entrepris par Suzanne, projet terminé, dit-il, déjà il est debout, les feuilles à la main, il les lui tend. Cela est donc arrivé. Signal du départ. Sous le bras, ces papiers qu'elle ne lira pas. Remerciements pour l'accueil. La pluie? Non, elle a cessé. Un regard en arrière.

Dans la pénombre, tache blanche du livre sur l'étagère où brûle la bougie. Les marques dépassent et coulent des pages en frisures sur le bois brun.

Les ombres étirées sur le mur clair. Entre les lampes rouges, découpe de cet homme qui la laisse partir.

VILLADERDA

> *... Ce n'est pas un foyer mais un exil que doit être le pays qui nous a reçus.*
> *Nous sommes là impatients au plus près de la frontière*
> *N'oubliant rien, ne cédant rien, ne pardonnant rien de ce qui s'est passé,*
> *Ne pardonnant rien...*
> *Ah ! le silence de l'heure ne nous trompe pas !*
>
> Bertolt Brecht

Le dix janvier de cette année-là, le feu prit au campement, tout au fond du chemin de Marville. Chaque hiver pendant les grands froids, quand on bourre les poêles pour la nuit, quelque baraque flambe : trois à cinq lignes à la page des faits divers. Une cabane, un autocar brûlèrent d'où l'on ne put tirer un dormeur trop ivre pour bouger. Quand arriva Clémence, on emportait le corps calciné sous une couverture. Quelques habitants de Marville et des ouvriers qui se rendaient sur le chantier de l'autoroute s'étaient approchés des cendres noires encore fumantes.

Devant Clémence discute un petit groupe. Elle

y reconnaît Éloy volubile, tourné vers un homme coiffé jusqu'aux yeux d'une toque de fourrure, qui fume et frissonne. Clémence s'approche.

— Il y a des blessés?

— Un mort, oui.

Le voisin d'Éloy tire sur sa cigarette et contemple toute cette noirceur glacée. Pendant quelques secondes, personne ne parle ni ne bouge. Au loin se prolonge l'appel étouffé d'une sirène. Le gris du ciel et de la terre se séparent avec lenteur. Une femme sort d'une roulotte, suprême confort dans cette agglomération du dénuement. Elle porte une bougie, un homme la suit. Ici cesse la civilisation. Cerclée d'une sorte de tranchée égout et dépotoir, la Campa, cahutes et baraques, planches et tôles, camions sans roues, autobus crevés. Plus de chemin tracé. Des bosses et des trous, des buissons étranglés par des barbelés cisaillés, un arbre encore, mutilé de ses branches basses, calvaire nu dérisoirement.

La sirène annonce sept heures, les curieux s'en vont. Éloy et ses compagnons reprennent le chemin de Marville. A quelques pas derrière, suit Clémence engourdie qui trébuche aux ornières. Au carrefour de la Mutuelle, le groupe s'est arrêté. Quand il aperçoit Clémence, Éloy fait un signe.

— On traverse. Tu veux un café chaud?

— J'y allais.

Dans le bistrot presque vide, Éloy déroule son écharpe. Son nez coule, il l'essuie d'un revers de main et avance précipitamment une chaise vers son voisin. Cette courtoisie étonne Clémence. Les quatre hommes se sont assis. Elle est restée debout près du tuyau chaud qui monte et perce le plafond. Éloy continue de parler, les autres l'écoutent. Tassé sur sa chaise, tel un magot, l'homme à la toque de fourrure paraît absent, il écoute et n'intervient pas. Des arabesques de fumée passent devant son visage. Le patron apporte les tasses, il sort alors une main de sa poche et boit d'un trait.

Éloy s'approche du comptoir.

— Payez-vous, dit-il au patron, et celui-là aussi. Il montre la tasse de Clémence.

— Merci. Qui est mort là-bas?

— Tu ne le connais pas. Il était de Méride. — Il montre la table qu'il vient de quitter... — Et ce type-là, questionne-t-il, tu veux savoir qui c'est? Villaderda!

Les trois hommes se lèvent, Éloy les rejoint, discute et revient vers Clémence :

— Villaderda retourne là-bas. Tu veux lui montrer le chemin? Nous, on part au travail.

Celui-ci n'a pas quitté son air absent et marche près d'elle en silence. Devant la crèche, elle s'arrête : « Prenez ici, c'est tout droit. » Il remercie, elle abaisse la main qu'elle tendait vers lui et qu'il n'a pas vue.

Novaprix ouvrait ses portes. Anna et Pilar rentraient les bouteilles de lait déposées sur le trottoir. Clémence quitta son manteau et ressortit pour les aider. « C'est tout? » La gérante, Olga, comptait les casiers et les cartons de fromages.

— Tu as vu? Un bonhomme a brûlé...

Olga n'aimait pas ceux du campement. Pas des clients intéressants, ils n'achetaient que des haricots et du riz, leurs enfants chapardaient, ils apportaient dans le magasin leurs odeurs fortes, dérangeaient l'ordre des rayons, leurs cheveux étaient sales, leurs mains aussi; inévitablement il leur manquait quelques pièces quand il fallait payer. Les yeux luisants, les accents rauques des adultes l'effrayaient.

— Mourir brûlé... C'était quand même un homme.

Mais ceux de la Campa avaient-ils la même sensibilité aux événements de la vie? Sa vie, à elle : la caisse du Novaprix, ce trône de puissance, après trente ans de soumission et de sueur. Trois filles sous ses ordres, elle les appelle « mes trois souillons ». Trois ombres, ternes, fades, grises, informes, figées dans leur jeunesse maigre et sans éclat. Trois ombres qu'elle traîne au café pendant la fermeture du déjeuner, leur reprochant de ne pas savoir rire quand le travail est fini. Elle a du mal à déplacer son ventre et ses jambes vineuses dans le magasin étroit et long. De son siège, elle les surveille, contrôle leurs gestes. Le samedi soir elle leur offre du vin blanc, des gaufrettes — qu'elles vont déguster dans l'arrière-boutique, après la fermeture. Et ces trois commises aux bras pareillement maigres n'échappent jamais à son œil, soulèvent boîtes et cageots, cartons, casiers, que les livreurs déposent sur le trottoir. Depuis la caisse Olga dirige : « Rentre ça, vide ça, sors, pousse, pose, nettoie, ramasse, fais vite les gens arrivent, dégage ici, garnis là, pèse encore, traîne les cageots dehors, ramène ça dedans, lave-moi un peu la vitrine. » Elle a bouclé la boucle, sa vie est pleine, intense. Dans cinq ans, la retraite la videra de son sang. Par une cliente, elle a appris les détails sur la mort de l'Espagnol. Toute sa compassion a disparu quand elle a su que l'homme était ivre.

A Pilar qui rangeait des bouteilles, Clémence dit :

— J'ai vu ton frère ce matin.

— Et le trottoir? cria Olga. Qui est libre?

Anna disparut dans l'arrière-magasin.

— Moi, soupira Clémence.

— Eh! Mets ton manteau! — Olga haussa les épaules. — Elle sort sans rien, maigre comme elle est. »

Clémence avait noué son écharpe sous le menton. Traîner les caisses et les cartons par le long corridor noir jusque dans la cour derrière la maison, le cauchemar d'Anna et de Pilar. Clémence chaque matin se dévouait.

Elle se hâte d'empiler tous les emballages, qu'elle pousse jusqu'au milieu du couloir. Elle s'arrête, s'assoit sur le tas de cartons. L'obscurité, la solitude, cet accroupissement furtif, sensation incomparable de liberté, de douceur, jouissance de ces instants volés, choisis par elle dans ce qu'elle peut encore choisir. Minutes palpables, l'assujettissement prend fin. Dans ce tunnel elle s'écoute et se regarde. A son retour, Olga marmonnera qu'elle en a mis, du temps. Au seuil du corridor, avalant une dernière gorgée de liberté, elle s'adosse au mur de plâtre. Un homme passe qui la regarde, ralentit, s'arrête et se retourne. Clémence reconnaît la toque enfoncée jusqu'aux yeux et le menton dans le col relevé.

Il s'approche. Il cherche un taxi. Où aller? Sait-elle?

— Renseignez-vous là-bas, dit Clémence. Au tournant, il y a un café, ils téléphoneront pour vous.

Il remercie.

— Vous prenez quelque chose?

Clémence le suit, le mène. Ils entrent.

— On s'assoit?

— Je n'ai pas le temps.

Il demande : « Un café? »

— Oui.

Elle ne sait pas ce qu'elle fait là. Elle le questionne sur le campement, le feu, le mort. Il reste vague, prend son verre, il a déjà fini. Sous le regard de Villaderda, elle se voit : la plus larve des trois ombres; sa blouse de nylon gris camoufle l'arc-en-ciel des tricots qui la protègent — le Novaprix n'est pas chauffé —, son écharpe la coiffe comme une cornette.

— Il fait bon ici, dit-elle en la dénouant.

Il fait froid, il fait bon, ça va, oui, non. Elle ne sait presque plus parler. Entre les autres et elle, échange de formules limitées, au-delà desquelles elle n'ose se hasarder. « C'est Villaderda », a dit Éloy.

— Vous êtes Villaderda?

Il s'éclaire, la regarde.

— Vous me connaissez?

— Par Éloy, oui. Je travaille au Novaprix avec sa sœur.

— Vous habitez au campement?

— Non, oh, non, proteste Clémence.

— Ça pourrait être!

La toque au ras des yeux, il rallume pour la deuxième fois sa cigarette jaune et s'inquiète du taxi.

Faut-il partir maintenant? Elle a mollement renoué l'écharpe sur ses cheveux et comme ce geste ne suffit pas à meubler l'attente, elle la dénoue et recommence. Le café s'est vidé, le silence s'étale. Elle n'ose plus bouger, attend un bruit, un geste. Villaderda regarde par la vitre; la fumée de sa cigarette jaune brouille son visage. Il dit « Enfin!... » et salue Clémence de la main. Quand elle est dehors, il a déjà refermé la portière de la voiture tournée vers Paris.

Ça n'avait pas été facile. La furieuse sortie d'Olga, les fous rires de Pilar, le silence d'Anna et l'amoncellement des bouteilles vides que les bonnes femmes enjambaient. Olga répétant « mais je ne pourrai pas te garder, ah non, je ne pourrai pas te garder... » Trop fâchée pour l'emmener au café pendant la fermeture de midi, elle avait annoncé : « Je vais déjeuner chez moi. » Elle revint mécontente et fatiguée. Les trois filles attendaient derrière la vitrine. Elles avaient mangé sur place et maintenant se tenaient là, indolentes, résignées, silencieuses.

Ce soir, Anna et Clémence se retrouveraient dans la chambre du *Strasbourg Hôtel*. Depuis vingt mois, elles la partageaient, satisfaites l'une et l'autre de cet hébergement économique, ne laissant jamais s'établir entre elles la moindre intimité. Elles continuaient à se dire vous, elles s'endormaient cramponnées à chacun des bords du lit, elles ne se déshabillaient jamais qu'avec gêne, ouvraient la porte de l'armoire pour se laver derrière ce paravent, lisaient beaucoup et se taisaient autant, transparentes l'une pour l'autre et feignant de ne pas se voir. Elles s'étaient connues dans des bureaux d'embauche, retrouvées une saison plus tard dans d'autres antichambres, elles ne savaient pas si elles s'aimaient, elles se souffraient, cela leur suffisait.

Anna qui l'occupait depuis trois ans avait proposé le partage de la chambre. Elle avait auparavant logé au quatrième étage avec un garçon, mort bêtement sur une route un matin de mai 58. Elle gardait la nostalgie de la fenêtre ouvrant sur les carcasses blanches des chantiers, les cuves à gaz luisantes et, tout à l'horizon, les commencements de Paris. A propos de cette époque elle disait avec pudeur : « Quand j'habitais au quatrième »...

Une distribution de vivres et de frusques, les trois quarts d'une colonne dans le journal le-plus-lu-de-la-presse-française et l'incendie fut oublié. Les enfants venaient à six au Novaprix, pour un kilo de riz. Olga se soulevait, tendant le cou quand ils ralentissaient devant le bac de confiserie, appelait Pilar pour qu'elle les guette. A la caisse, elle les jaugeait, comptait deux fois la monnaie, et son œil ne les lâchait pas avant qu'ils soient dehors. Anna ni Clémence ne bronchaient quand les mains des plus habiles saisissaient quelque sucrerie. Plus réticente dans ses complaisances, Pilar avait ses favoris.

Le samedi suivant, Olga versait le vin blanc. Quelqu'un prévint : on demandait Clémence au téléphone du café, c'était urgent.

Olga proposa que Pilar ou Anna s'y rendent, ça pouvait être une mauvaise nouvelle. Clémence restait stupide, attendant qu'on décidât pour elle.

— Vas-y quand même, dit Pilar. Nous restons là, pour savoir.

Une voix d'homme l'appelait. « J'ai eu du mal à vous retrouver, je ne savais même pas votre nom. Oui, Villaderda. J'ai besoin de vous. Quand? mais le plus tôt possible. » Ils débattirent du lieu, de l'heure, et Villaderda insista sur la discrétion de cette affaire.

Renaissait l'agitation oubliée. La perception se décuplait des bruits et des images.

— Ce télégramme, ça n'était pas trop grave?

Pour expliquer l'appel téléphonique, Clémence avait inventé cela et couru afin d'arriver la première au *Strasbourg*. Devant la fenêtre, sur une ancienne caisse d'oranges recouverte de toile cirée, quelques pots : lierre blanc, plantes grasses, herbes à chats et, foisonnante, envahissante, cette verdure nommée misère qui festonnait les angles de la caisse. Propre, terne, à peine délabrée, grise, meublée de deux chaises, d'une carpette, d'un lit, d'un couvre-lit acheté par Clémence à la braderie annuelle, de trois glaces prétendument installées pour l'impression de lumière et d'espace où l'une et l'autre se regardaient à la dérobée, de livres rangés dans une caisse, tranche à l'air — ce qui me reste du quatrième, disait Anna —, d'une armoire où leurs vêtements avaient tout l'espace nécessaire, d'une table, d'un lavabo. Pas de photos, pas de gravures; grise, terne, propre : la chambre.

— Si vous dînez maintenant je me laverai la première.

Le journal qu'Anna lisait en mâchant lui cachait Clémence déshabillée et rhabillée prestement.

— Villaderda, ça vous dit quelque chose?

Anna finit son quartier d'orange.

— Je ne sais pas. Oui. La guerre d'Espagne, je crois. Demandez à Éloy.

Clémence changea de sujet.

— Demain, vous sortirez?

— Non. Pour aller où? A Paris? Non. Je lirai ici. Pourquoi?

Clémence la rassura. Elle-même irait à Paris. Il y avait cette exposition dont tous les journaux parlaient. Des peintres... elle cherchait leur qualificatif. Comme elle avait terminé son débarbouillage, elle s'assit au bord du lit.

— C'est fantastique, dit Anna, posant sa page. Les intellectuels, ils font des choses...

Elle détailla ce qu'elle venait de lire, le compte rendu d'un spectacle.

— Ils font des choses... Ils avancent...
— Oui, mais ils avancent sans nous.
— Et quelle importance?
— Quelle importance, en effet.

Et Clémence le dit avec une telle tristesse qu'Anna pouffa de rire.

— La culture... et son orange qui jutait l'occupa un instant...

— La culture, ça sert à qui? et à quoi, dites? »
Clémence haussa les épaules.

— Pilar connaît la réponse, reprit Anna. Elle vous dirait : la culture, ça sert à gagner davantage. Rien d'autre. Rien de tout ça ne nous regarde. La culture, ça ne peut intéresser que les êtres libres. Non, demain je resterai couchée. Ça devient fatigant, Novaprix. Toutes ces bouteilles à charrier. Daumesnil maintenant qui livre tous les jours.

— Vous resterez ici, mais vous lirez. Vous achetez quelquefois des livres de poésie?

— Moi? Jamais. Ceux-là sont les restes du quatrième. Et puis à quoi ça sert, la poésie?

Et pourquoi faudrait-il que ça serve? Toi, tu cherches à parler comme certains cherchent la bagarre, plus pour recevoir des coups que pour en donner. Tu voudrais bien que je nous écrase, tu ne reprends souffle que niée, rejetée, rayée. Soit, nous n'existons pas. « Le cloaque de la société », as-tu dit l'autre jour, l'âne attaché à la poulie pour que la meule tourne. Eh bien, laisse-moi un répit, je surnage hors du bourbier, demain peut-être, demain soir, une main m'enfoncera un peu plus encore. Jusque-là, tais-toi. D'ailleurs, je ne t'entends plus. « J'ai besoin de vous. » Sous ma blouse grise, emboudinée dans mes lainages ; et j'ai dit seulement, il fait bon ici. « J'ai eu du mal à vous retrouver. »

Tôt le matin elle s'était lavé les cheveux. Olga disait souvent : « Une indéfrisable vous ferait la figure plus gaie. Raides comme ça, mes petites ! » Dans le magasin elles attachaient leur chevelure avec les élastiques des rouleaux de monnaie.

Anna dormait encore. Sur la nuque de Clémence quelques gouttes d'eau glissaient en filet doux.

Et si c'était seulement cette fébrilité, les préparatifs, les gestes qui trouvent leur prétexte. Si ce n'était que cette hâte, la précipitation de mes mouvements et cette fatigue subite qui m'anéantissent et me paralysent, cela vaudrait qu'il me dérange pour s'enquérir de rien, même pas de moi.

Comme s'il en ignorait la vie, les mœurs, les habitudes, il la questionne sur le campement. Touchée de l'attention qu'il lui porte, elle lui raconte ce qu'il sait déjà. Il est arrivé tête nue. Son crâne est rond, ses cheveux virent au gris, rien à voir avec les tempes argentées, rien à voir non plus avec le bel Espagnol, ce visage aux disproportions singulières, front énorme, nez aux ailes larges et pommettes à angles aigus. Pris entre elles et le bombé du front, les yeux vifs s'étirent. Clémence a tout loisir de les regarder. Il l'écoute sans la fixer, secouant la main de droite à gauche pour écarter la fumée de sa cigarette. Le café est vaste, plusieurs salles se succèdent. Villaderda a choisi la première, près de la rôtisserie. Les promeneurs des Champs-Élysées passent le long des vitres. Il laisse Clémence développer ses indignations, la relance d'un mot, préoccupé par cette situation qu'il a provoquée et dont il lui faut maintenant tirer avantage. La dernière fois — il s'en souvient à cause d'une histoire de muguet qu'il avait oublié d'offrir, et l'autre, fraîche et les bras nus, boudait face à lui —, la dernière fois il avait été pris de lassitude devant la lenteur, les retardements, les complications imprévues, et il avait arrêté sec le développement du jeu. Ils dîneront dans la rôtisserie, propose-t-il. Quatre marches à descendre. Il n'est pas sûr de ne pas perdre sa soirée.

Très vite, soit qu'il ait renoncé à ses espérances, soit que le vin dont il a entamé largement le carafon l'ait réconforté, il racontera — le rythme de ses paroles est lent, et les phrases qu'il construit ont l'aspect un peu précieux d'un travail gravement élaboré —, il décrira les agglomérations de détresse, les campements, partout les mêmes, de Marseille, de Lyon, de Genève. Genève, il en vient, cette jolie ville aseptisée, sa pustule de taudis non loin de la patinoire. Clémence l'écoutera d'une telle attention que sans perdre le fil conducteur de son entreprise, il continuera de parler. Mais le serveur pressé glisse la note devant Villaderda. Quand il bouge le bras pour déposer l'argent, Clémence aperçoit l'heure à l'envers sur sa montre. Il suit son regard.

— Vous voulez rentrer? Sa voix est sèche.

Saisie, elle se sent fautive, et stupidement s'enfonce dans des explications bavardes : le trajet, les autobus du soir, demain le travail. Le jeu voudrait qu'il insiste. Il dit seulement : « Bon, bon », se lève. Lorsqu'ils se retrouvent dehors il brusque les adieux et s'éloigne, convaincu qu'elle s'est payé un repas et sa tête.

La présence d'Anna qui lisait étendue sur le lit donnait à la chambre une tiédeur voluptueuse. Elle avait aussi lavé ses longs cheveux, ils sentaient le pin.

— J'ai eu froid en sortant du métro. Vingt minutes d'attente.

Escomptant ce retour plus tardif, Anna lui avait adressé un maigre sourire. Sinistre descente des Champs-Élysées. Cet humiliant adieu comme une pierre au cou l'engloutissait dans les eaux noires de la foule nocturne. Ici tout la réconfortait, le lit, radeau sûr et solide, le drap blanc du lit, la lumière sur le drap, Anna qui se taisait.

Souvent elle pensait à Villaderda, se demandait qui il était, pourquoi Éloy l'avait cité comme si chacun devait le connaître, pourquoi lui-même avait dit : « Vous me connaissez », avec ce sourire de satisfaction.

Elle continuait de dégager le trottoir chaque matin et aux minutes intenses savourées dans la pénombre du couloir, alors que lui parvenaient la voix d'Olga, le cliquetis des bouteilles et la sonnerie de la caisse, à ces instants se glissait l'image de Villaderda.

Éloy vint un soir, les trois filles rangeaient leur blouse. Olga cria : « Pilar, ton frère est devant la porte. » Je le questionne, décida Clémence. Il leur serra la main et dit : « Je vais à la Campa, j'ai du boulot. » Clémence fut soulagée. Elle aurait su. Et après? Qu'est-ce qui aurait changé? Ce dimanche finissant, ces heures pendant lesquelles ils avaient parlé comme des compagnons confiants, bu et mangé face à face, elle les examinait décidée à s'en défaire comme elle s'était insensiblement défaite des années lointaines. D'abord les Champs-Élysées et ce café à demi luxueux, et les propos échangés dont pas un mot ne la concernait. Sans raison elle se mit en tête de lui écrire, et ce projet l'occupa huit jours. Composant sa lettre du *Strasbourg* au Novaprix, dans le lit aussi lorsque Anna faisait le noir, elle se rendit à la poste pour la rédiger sans témoin. Depuis des années elle n'écrivait qu'à son père, rarement, et c'était toujours les mêmes phrases brèves, le même vocabulaire réduit. Elle se reconnut tout d'abord coupable. Sa précipitation à le quitter, une histoire de clef, Anna son amie attendait dehors. Enfin elle donna des nouvelles de la Campa et signa : Clémence. La lettre l'apaisa. Elle la portait dans sa poche car elle ignorait l'adresse de Villaderda. Elle imagina de se rendre au campement. Là, on devait le connaître. La pluie des derniers jours avait liquéfié le chemin de Marville. Un fossé charriait des eaux jaunes. Dans les roulottes, que deux ou trois marches isolaient de la vase où les autres s'engluaient, on restait encore au sec. Une femme transportait de l'eau. Clémence s'approcha d'elle. Alors elle se mit à courir avec son seau qui débordait. Un enfant jouait autour d'une flaque. Les Espagnols, c'était par là, dit-il. Dans le camion prolongé par des bâches et des planches où vivaient maintenant les sinistrés de l'incendie, on lui offrit du café. Mais elle n'apprit rien, personne ne connaissait le nom de Villaderda. Les Espagnols d'ailleurs se préoccupaient de tout autre chose. Bientôt viendraient les bulldozers. Il faudrait reculer la Campa, transporter sa maison derrière un rideau d'arbres — les bidonvilles blessaient les yeux sensibles. Ils seraient alors loin de tout. Depuis quelques années, ils ne cessaient de reculer. Trouveraient-ils un mur qui arrêterait leur déroute?

— Fermez le robinet, dit Anna. — Et elle se pencha vers la radio pour mieux entendre. Clémence étendit ses bas mouillés sur le lit et la rejoignit. Le son n'était qu'un murmure mais Anna s'en satisfaisait. Vestige du quatrième, ce poste l'avait suivie jusque dans cette chambre.

— Je n'ai pas bien compris, la Bastille ou Voltaire, il y a des blessés graves.
— Rhabillons-nous et allons-y.
— Où? Le rassemblement était pour six heures. Il est huit heures, nous y serions à neuf. Tout est fini. — Elle haussa les épaules.
— Pour savoir, insista Clémence.
— La curiosité, alors! Comme le feu à la Campa. Allez-y seule, moi je suis fatiguée.

A onze heures il ne s'agissait plus de blessés mais de morts.

Tandis qu'Olga vérifiait sa caisse, Pilar demanda qui demain serait malade.

— C'est trop gros, avertit Anna, Olga saura tout de suite. Qui n'ira pas au Père-Lachaise? de pauvres imbéciles comme nous.

— Eh bien, j'irai, dit Clémence, et tu garderas le mal au ventre pour une autre occasion.

Anna entreprit de la décourager. Olga aussi avait versé sa larme sur les morts de Charonne mais elle ne pardonnerait pas une absence. C'était l'autre soir qu'il fallait s'y trouver. D'ailleurs elle ne comprenait pas les réactions de Clémence, cette espèce de participation douloureuse et stérile aux événements.

Devant le Père-Lachaise, parmi d'autres groupes d'exilés, un Espagnol repliait sa banderole. Dans la foule refluant vers le métro, quelques vendeurs de feuilles diverses les annonçaient à voix basse. Clémence prit un exemplaire. En payant, elle demanda au garçon :

— Quelqu'un qui s'appelle Villaderda, vous connaissez?

— Villaderda? C'est moi. Pourquoi? Qui vous l'a dit?

Recherche vaine, lettre inutile. Cette marche lente, ces longues traînées de silence, les drapeaux rouges, flammes de cette froide matinée, la majesté de cette foule triste l'arrachaient à elle-même. Sur le quai, dans la cohue, elle aperçut Éloy, le perdit, le retrouva dans les couloirs de Clichy. Il lui serra la main.

— Qu'est-ce que tu tiens? Tu lis ça, *Nervio*? Et ça, *La Batalla*, tu connais? C'est ça que tu dois lire. Et c'est bien composé! Villaderda, tu te souviens? Il y écrit quelquefois.

L'enveloppe portait « aux bons soins du journal ». Villaderda revenait de Toulouse; on lui remit la lettre et un billet de train pour la Belgique. De retour à Paris, il répondit à Clémence. Une page presque tendre d'homme harassé dont la maison tient dans une valise. Il faisait tout son courrier au carbone et conserva donc un double pour lui.

Ils s'écrivaient chaque semaine. « Mais quand nous nous verrons, je vous raconterai », glissait

Villaderda au milieu ou à la fin de ses lettres. Clémence parlait de la Campa et faisait des souhaits pour ces multiples voyages. Le dimanche elle restait couchée, lisait beaucoup. Et puis, il annonça : « Le 19 mars je serai à Paris, en partance pour Toulouse. Nous nous verrons enfin. A Austerlitz, tel endroit, vingt et une heures. »

Clémence le trouva gai, fébrile. Il était en veston, maigre d'épaules, les traits ensommeillés. Il déposa sa valise à la consigne et l'emmena marcher un peu le long du quai. Sa serviette de cuir noir, dont il n'avait pas voulu se défaire, semblait lourde. Le brouillard cachait la rive en face. Au café où ils s'assirent plus tard, il dit :

— Eh bien, ce n'est pas facile de nous rencontrer ! Vos lettres, si vous saviez... N'allez surtout pas cesser de m'écrire maintenant. Quelqu'un, quelque part, à situer...

— L'attente aussi, dit Clémence.

— Pas un homme dans votre vie à qui écrire?

— Pas d'homme dans ma vie, répondit-elle.

Il en fut satisfait. Même si ça n'était qu'un mensonge, cela constituait pour elle une sorte d'engagement détourné, il pourrait le lui faire comprendre un jour.

Il parla de Wattrelos d'où il revenait, de Toulouse.

— Mon dernier voyage. Au retour, je m'occuperai de ma vie. A quarante-neuf ans, il est temps. Mais je vous expliquerai...

Il s'interrompait souvent pour rallumer ses cigarettes jaunes, aspirées l'une derrière l'autre.

— C'est un grand jour aujourd'hui, dit Clémence.

Il sourit, posa son verre pour la regarder et s'aperçut de sa méprise.

— Ah oui... — Il venait de comprendre : — La guerre se termine, les Algériens...

Un serveur passait. Il commanda sa troisième bière.

Oui, ça finissait pour eux. Il les enviait.

— *Et nous sommes là, impatients, au plus près de la frontière.* — Il avait dit cela trop bas, Clémence ne saisit pas. — Oui et non, reprit-il. Je les envie et je ne les envie pas. Pendant longtemps encore, ils se coloniseront entre eux. — Il prit le bras de Clémence. — A mon retour nous parlerons. Vous me parlerez aussi de vous. Je vous écrirai le premier, j'en ai pour dix jours, pas plus. — Elle voulut l'accompagner sur le quai, mais ce n'était pas la peine, expliqua-t-il, mieux valait rentrer. Jusqu'à Saint-Denis, ça faisait un bout. — Vous vous souvenez des Champs-Élysées?

Il l'embrassa par surprise sur la bouche. Un baiser précis, sec et chaud.

Anna savait. Non pas les détails, mais l'essentiel, cette accélération soudaine dans la vie de Clémence. Elle-même s'enfonçait sans se débattre, trouvait naturelles les apostrophes publiques d'Olga sur sa mollesse, sa lenteur. Le lierre blanc crevait, elle ne s'en souciait pas, ramassait tout l'intérêt de son existence sur le lit, dont elle obligeait Clémence à tendre et retendre les draps, exaspérée par un faux pli, tournant quatre fois le matelas afin que la laine en soit mieux répartie. Recroquevillée dans l'impuissance, lovée dans l'inutilité si profondément qu'elle ne pouvait plus s'en arracher seule.

Huit heures, la vitrine éteinte, l'arrière-boutique encore éclairée où les trois filles pendent leur blouse. Sur le trottoir, un enfant dit : « C'est fermé? Déjà? » Il hésite, l'argent des commissions dans sa main crispée. Olga, qui l'a vu, fait non de la tête et continue de vérifier sa caisse. Éloy s'approche, colle son nez contre la vitre, le bras d'Olga décrit un demi-cercle vers le corridor. Il est entré dans la cour, a embrassé sa sœur, salué Olga qui vient de terminer les comptes. Elle lui crie que Pilar, ça va bien :

— Tu peux lui payer le cinéma, elle l'a pas volé. Celle-là aussi — elle montre Clémence — elle bourre en ce moment... Mais l'autre...

Anna lève les épaules et se tourne vers Clémence.

— Des effets de l'amour sur le rendement..., chuchote-t-elle.

Ils sont tous sortis. Par chance, c'est auprès d'Anna que marche Éloy. Tellement écorchée qu'un dérisoire signe la dévaste ou la rassure. Ce soir dans l'air léger montent les bruits plus vifs du samedi.

Éloy est épais, vite en sueur. Il a grandi près de son père dans l'attente de la revanche, aux aguets; ses camarades ont cinquante ans. Les jeunes du campement ne parlent pas son langage, il s'obstine à le leur expliquer.

— Anna, voulez-vous m'aider?

Anna lève la tête, corne la page de son livre.

— J'ai besoin de trois jours, mardi, mercredi et jeudi.

— Je pourrais dire que vous êtes malade.

— Ça suffira, vous croyez? Et si Olga vient me voir?

— Vous ne serez pas là du tout?

— Non.

— Je m'arrangerai. Elle aussi est crevée le soir; monter deux étages avec ses jambes...! Mais pour Pilar...

Clémence voudrait parler encore, mais Anna a rouvert son livre, elle oublie seulement d'en tourner les pages.

Le mardi matin, tandis qu'elle découvre le lit, Anna questionne :

— Et jeudi, j'annoncerai que vous allez mieux?

Dans la chambre maintenant vide, la peur saisit Clémence. Renoncer, ne pas sortir, la tentation s'avance. Des images passent, décourageantes, celles de la mémoire, et quand viennent celles de l'anticipation, Clémence les refuse. L'aventure sera improvisée, crue, vraie. Même enfermée, voilant les miroirs, retirée, décervelée, elle savait, sentait que cet empaillement ne serait pas éternel. Bientôt s'écarteront les rideaux, il faut affronter la révélation.

« L'autobus s'arrête devant la mairie de Villeneuve-la-Garenne. Vous descendez et vous entrez dans l'île Saint-Denis. A pied il y en a pour vingt minutes. Vous suivez la rive de l'île; c'est tout droit. »

L'après-midi clair et frais commence. De la rive d'en face habitée et bruyante, les bruits parviennent jusque dans l'île, brouillés seulement quand glisse une péniche. En voici deux qui se croisent, l'une rapide, déjà lointaine. La lettre dans sa main, Clémence marche au même rythme que l'autre, bleue, brillante, lourde dans l'eau. Un camion roule, s'éloigne. L'île est silence. La rive n'est plus qu'un talus, une inclinaison de broussailles vers le fleuve.

« Vous arriverez devant une bâtisse très grande, grise, à votre gauche. Impossible de vous tromper. Sur la façade, juste en dessous du toit, deux poules en carreaux de faïence. Elles ont l'air de picorer les lettres, en faïence aussi, de l'inscription. Cela s'appelle LA FERME. Le portail se trouve plus loin. J'aurai téléphoné. On saura que vous m'attendez, j'arriverai vers trois heures. »

On dirait une salle de bal avec un comptoir au fond, où la patronne dispose des verres. Quatre tables contre les fenêtres, et le milieu désert et nu. Clémence n'a rien apporté qu'elle puisse lire. Son verre est vide, il reste encore une heure. Se raidir pour ne rien imaginer, tout arrivera neuf comme cette Ferme. Avant ce jour, elle s'est efforcée de ne pas voir, ni dans le corridor du Novaprix, ni les yeux clos dans le lit, efforts violents parce que l'île et la Ferme et les trois jours dans l'île, dans la Ferme de l'île, c'était un incessant appel aux formes, aux couleurs, il fallait alors se concentrer sur la chambre du *Strasbourg*, les emballages et les casiers, et s'enfoncer bien profond dans la tête : ma réalité, c'est cela.

Villaderda téléphone à cinq heures, il est en route.
— Impossible de venir avant.
— Je ne bouge pas.

Retrouvant peu à peu l'agilité ancienne, elle lui a écrit pendant ces deux heures. Un curriculum ironique. Elle en est sûre : il aimera. Sous le persiflage des mots, tout est mis d'elle. Enfin, ce que l'on appelle tout. Le visible et le vérifiable. Villaderda n'arrivera qu'à six heures. « Un jour de passé », et l'épaisseur du temps tout à coup devint un mur qui les séparait, déjà. Elle marcha au-devant de lui et lui prit le bras.

Au premier matin, les sirènes des remorqueurs la réveillèrent. Sur la table devant la fenêtre sans volets, était abandonnée la lettre, près des paquets de Gitanes maïs dont Villaderda avait fait provision. Il l'avait lue tandis qu'elle s'enroulait dans sa robe de chambre neuve. Elle s'était approchée, il repliait la lettre avec un sourire indulgent.

— Tu me diras, je préfère. Moi aussi je te parlerai. Et d'abord, je t'annonce, je vais habiter Paris. Définitivement. Mais demain je t'expliquerai tout cela.

Partie sans déjeuner, elle avait regretté son imprévoyance. Villaderda disait : « Je suis tellement heureux ici. Avec toi enfin... Ça m'ennuie de descendre. » Plus tard, il tentait d'expliquer : « Les choses qu'on a beaucoup désirées et longtemps attendues, quand elles arrivent... », et il fumait pour ne pas finir sa phrase. Affectueusement, il jouait avec les cheveux de Clémence.

Le parcours d'un corridor désert. Sur les murs, grosses roses noires. Grenat. Rouge sombre. Rouge vif, la dernière des roses. Silencieusement ouverte et déroulant ses pétales géants. Fleur carnivore. Asphyxie lente. Comme dans les rêves, la chute en tourbillons. La fleur est sans fond. Les choses attendues et désirées longtemps se réalisaient aussi et Villaderda s'endormait sans tendre la main vers les cigarettes, chuchotant pour elle :

— Dors, dors, le sommeil après l'amour prolonge la jouissance.

Au matin, c'était un autre Villaderda, l'homme de la gare d'Austerlitz, agité, soucieux, précis.

— Déjà réveillée? Ils ne servent pas dans les chambres ici. Peux-tu me monter du café?

Il se rasa, pestant contre l'éclairage au plafond qui donnait un faux jour. La lettre n'était plus sur la table. Déchirée, supposa Clémence. Au repas qu'ils prirent en bas, seuls clients de la salle de bal, il but beaucoup, emporta plusieurs bouteilles de bière et les disposa sur l'appui extérieur de la fenêtre.

Le jeudi matin ils sortirent de la chambre, passionnés l'un de l'autre. Villaderda n'avait plus une cigarette. Alors que Clémence boutonnait sa veste, il insista : « La vérité en tout, Clémence. Nous nous sommes promis. »

D'être vrais. Splendidement vrais, a dit Villaderda. Sans secrets, sans feintes, transparents et complices.

— Ta lettre, c'est de la littérature. Tu m'expliqueras. Oui, tout à l'heure. Sache avant tout que je suis un homme lucide. Et fatigué. Un homme sur ses gardes qui croit bien peu à l'amour et encore moins à l'amitié. Je te raconterai ma vie. Chaque fois que tu seras tentée de me juger, rappelle-toi pourtant, rappelle-toi ceci : d'où je viens. Des trous puants de Barcelone. Et plus tard, homme public. Connu. On m'a porté en triomphe, c'était à Sabadell. A mon arrivée en France, on m'a jeté dans un camp avec tous les autres. J'ai erré quatre ans avec des faux papiers. La peur... Et je n'osais pas travailler; quelquefois pourtant, chez un compatriote. J'arrivais un matin, il n'était plus là. Il ne revenait jamais. J'ai fait tout ce qu'on fait pour exister seulement. Beaucoup de mes amis sont devenus français, moi pas. J'ai espéré, j'ai attendu. Ma plume n'a jamais écrit que pour la cause. Ça nourrit peu. Mais mon capital moral est immense. J'y tiens. Maintenant, je vais faire une halte. La cause n'en souffrira pas. Elle est aujourd'hui dédaignée du monde entier. L'Espagne est le siège du fascisme international. Qui s'en soucie? Je suis un homme fatigué. Fatigué, n'oublie jamais cela.

Il fit venir un taxi.

— Je te déposerai quelque part, où tu voudras. Je m'arrête à Gennevilliers. Vous couperez par le port, indiqua-t-il au chauffeur.

Absent déjà. L'homme des réveils, un buveur dégrisé qui, la fête achevée, tapote la main de Clémence. Par la vitre, son regard saisit la campagne avortée, l'horizon où se profilent des pics et des collines sombres.

— Le port, dit-il.

Clémence redresse la tête. Mais la voiture file sur la route droite, nette, entre les champs clos où rien ne pousse, et les collines maintenant visibles, poussière de coke, paysage au sépia, des histoires tristes comme on n'en racontait qu'autrefois.

Villaderda se penche et lui serre le bras.

— Je t'écrirai dans la semaine. Avant quinze jours nous nous retrouverons.

— Tu es licenciée, lui apprit Olga. Me rouler, moi? Non. Faire ça un mardi, avec les livraisons de vin, de bière; un jeudi, avec tous les gosses dans la boutique. Les deux autres n'en pouvaient plus. Il y a deux mois c'était autre chose, tu prenais ta journée, et cette fois trois jours? Termine la quinzaine et va voir ailleurs. J'ai déjà demandé ta remplaçante.

Anna la rassura.

— Vous trouverez vite autre chose. Au Barrage, ils vont ouvrir un coop. En attendant, on s'arrangera, je me charge du loyer.

Généreuse et soulagée. Le vis-à-vis jour et soir lui devenait insupportable. Elle regardait Clémence aller et venir, épiait l'apparition de quelque signe d'abattement, n'en distinguait aucun, s'étonnait, s'irritait même de cette absence d'inquiétude.

« J'en parlerai à Villaderda », se rassurait Clémence, mais il était de si bonne humeur ce dimanche-là, si léger, détendu, qu'elle garda tout d'abord le silence. Il habitait Paris, ses espérances prenaient racine et naturellement ils ne cesseraient plus de se voir, promit-il.

— J'ai tout mon temps. Je ne travaille plus au Novaprix.

Il parut contrarié, demanda des éclaircissements :
— En somme, je suis moralement responsable... Si, si, je vois la situation comme ça.

Il termina son pot de bière.
— Et maintenant tu vas faire quoi?
— Attendre. Quelque chose se dessine.
— Sois simple, sois vraie. Tu n'as rien. Tu cherches? Je te fais part d'une idée. Une idée seulement. Je ne peux pas travailler seul, j'aurais besoin de quelqu'un. Tu n'es pas sotte, je m'en suis aperçu, un peu endormie, et pleine d'idées fausses sur la vie, sur les gens. Je pourrais te prendre avec moi. Mais attention, ça ne nous faciliterait guère l'existence, je ne veux pas qu'on dise un jour : il a pris sa maîtresse comme employée, ou le contraire, son employée pour maîtresse. J'ai un capital moral à sauvegarder, c'est ma seule richesse.

Clémence eut un recul, rapide comme un frisson, effacé aussitôt parce que quelque chose était en train de se déplacer. Hier commençait d'exister, pente raide et lisse qui montait vers aujourd'hui. Pour qu'il la voulût près de lui, il devait fort l'aimer. Être aimée, n'est-ce pas le symbole de sa propre puissance? Elle lui dit :

— J'accepte, tu n'imagines pas ce que tu seras content de moi.

Rue Saint-Honoré, collage désordonné de vitrines luxueuses et de façades noires. Deux pièces sombres au fond de la cour entre la rue de La Sourdière et la rue Saint-Roch.

HISPANICUS
S. VILLADERDA
Directeur

Villaderda, le réfugié. En exil depuis vingt-trois ans. Qui va de ville en pays et dans le sien jamais; au plus près de la frontière et ne la franchit pas; qui trimbale dans sa valise souvenirs et papiers, dossiers et chaussettes. Qui lave sa chemise le soir dans des chambres d'hôtel. Qui prend la file chaque année au bureau où se renouvellent les permis de séjour. « Hispanicus », la trouvaille n'est pas de lui. La société, capitaux et compétences, est française. Les compétences ont mis au point la méthode rapide : « L'espagnol en six mois. L'espagnol chez vous. L'espagnol en vous amusant. » L'une de ces compétences a jadis connu Villaderda, l'a cherché, retrouvé, proposé. A lui de jouer. On lui donne un bureau, un titre, des émoluments. On lui demande des résultats.

Le premier jour, il s'est assis face à Clémence et ses mains ont tremblé. Solliciter des entrevues. Quinze rendez-vous dans la semaine. Inactive, Clémence attend son retour chaque soir. Il rentre. Et la saisit aux poignets, « ma Clémence ». Le bureau se compose de trois chaises, deux tables, une caisse de livres — pas de téléphone encore.

« Ma Clémence. » Odeurs mêlées de son veston mouillé, de la bière, du tabac, odeurs qui l'enveloppent quand elle glisse sur le plancher.

Ils se quittent à dix heures sous les lampes rondes du Palais-Royal. Un soir il déclare : « C'est fou ce long chemin, deux fois par jour, Paris—Saint-Denis. » Dans l'autobus qui va du métro à la rue de Strasbourg, Clémence somnole assise derrière le conducteur. Il annonce des arrêts où personne ne descend. Les essuie-glaces crissent et la pluie cingle. C'est l'autobus des rêves de Clémence. Qui roulerait sans fin, qui fendrait la nuit et la pluie et ne s'arrêterait nulle part.

« ... et c'est bête vois-tu. J'aimerais parler avec toi le soir, au réveil le matin. Nous allons habiter ensemble. »

A son arrivée à Paris, il avait loué une chambre.

« La propriétaire, expliqua-t-il, a paru surprise quand elle a vu mes papiers ; je ne ressemble pas à son imagerie espagnole. » L'accent par exemple, il avait mis quatorze ans à le corriger ; comme les danseuses se mettent à la barre ; tous les jours pendant quatorze ans. « Passer inaperçu, disait-il souvent, c'est ma règle. »

Sa décision stupéfia Clémence. Elle ressentait pourtant un curieux malaise. Consulté, Villaderda répondit : « Clémence, sois réaliste, as-tu les moyens d'avoir des scrupules? C'est Anna ou moi! »

J'aimais Anna et cette tendresse fraternelle dormait en moi comme y dormaient toutes les sensations impalpables que ma couardise écrasait. Peur. J'avais surtout peur de souffrir, d'y laisser les plumes qui commençaient à repousser. Le souvenir de la douleur me faisait déjà mal. J'éliminais toutes les causes de souffrance, je me tenais à la surface de la vie : une chambre, de la nourriture, un travail, les fous rires aux dépens d'Olga, une fois l'an les ballets Mosseïev ou les chœurs de l'Armée rouge, quelques défilés pour la paix en Algérie, immuablement le Premier Mai, aux soldes saisonniers des chaussures ou un tricot. Une cardiaque soucieuse de ses pulsations. Une voyageuse qui a fait fausse route, s'arrête, creuse un trou et décide de n'en plus bouger. J'aimais Anna, ses silences. Ma terreur le premier jour lorsque j'aperçus un seul lit dans la chambre, et mon soulagement à la découvrir si peu présente. Certains soirs, mon œil la voyait, forme allongée au bord des draps, chevelure pendante et lisse, courbe modeste des hanches, la voyait sculpture, boiserie des anciens lits précieux. Ce matin, son cri. Elle a crié, la muette qui s'est tue pendant vingt mois, crié et pleuré : « J'en ai assez, je ne veux plus vivre ici. » Avait-elle besoin d'ajouter : « Clémence, je ne suis pas jalouse? » Je la lâchais, je lui laissais le poids de cette chambre et plus encore que ces dix mille francs je lui ôtais son prétexte. A ne pas bouger, à vivre comme moi le repli et le refus. S'accepter. Faire face. Foncer. Belles phrases quand on a mesuré l'étendue de son impuissance. Elle a ri une fois : « Quand j'aurai retrouvé l'aiguille de ma boussole, je reprendrai la route, mais le jeu est faussé, la route tourne et retourne. A chacun ses territoires. On bouge dans l'enclos. En dehors jamais. Il est trop bien gardé. Je suis née dans la laideur, a-t-elle repris. Toute ma vie j'ai vécu dans la laideur. Celle des chambres, des rues, des gens. Enfant, je m'endormais bercée par quelque ivrognesse violacée et pustuleuse. J'ai grandi dans la Cour des miracles parmi les tarés, tubards, soûlards, dans des paysages de fumée et des taudis. Je hais la misère et régulièrement j'y retourne. Je crois la quitter, je pars légère, elle m'imprègne de son odeur. Les autres la sentent, elle les dérange. Je vais partir moi aussi. Pilar qui se laisse acheter par Olga! Éloy, le bon apôtre de la Campa... La Campa aussi me fait horreur. Je me placerai. Je suis espagnole, ils aiment ça. » J'ai laissé Anna; je n'arrivais pas à pleurer. C'est plus tard, ouvrant la porte de cette chambre où je vais vivre désormais, qu'elle m'a manqué.

— Que disais-tu d'Anna? s'enquit Villaderda.
— Je disais qu'elle était triste, c'est tout.
— Viens voir, Clémence, ceci te concerne.

Il lui montra des lettres rassemblées en paquets sur le lit, et quelques photos, des visages de femmes, posées comme une étiquette sur chacun des tas.

— Tout cela, ce sont des étapes. Du passé. Je veux que nous soyons vrais. Tu pourras les lire, les déchirer ensuite, et si tu n'as pas cette curiosité, je les déchire maintenant devant toi. Tout ça, c'est mort.

Clémence repoussa les lettres. Les photos l'intéressaient, mais elle se contenta d'un bref regard en biais. Villaderda commençait à déchirer un premier paquet.

— Et toi, Clémence?

— Moi, je n'ai rien, dit-elle.

Il attendait qu'elle l'imitât.

— Rien? Allons donc!

Ouvrant son portefeuille, il en tira la lettre composée à la Ferme, qu'elle avait crue déchirée, et prit un papier sur la table. Comme il l'aurait fait sur un livre de comptes, il réduisit en chiffres le passé de Clémence.

— D'abord, il y a eu ce garçon quand tu habitais chez ton père. Vous aviez le même âge. Dix-sept, dix-huit. Donc, celui-là, c'est 54 ou 55? Vous vous retrouviez tous les jours, un dimanche la famille est sortie, à vous le lit des parents. Son père était sandalier, si j'ai bien retenu. Le tien ferrailleur. Un ferrailleur sur la pente, et toi, que faisais-tu? Tu ne m'as pas dit la vérité, je le sens. Le garçon venait d'entrer à l'école et son père et sa mère, à force de corder des espadrilles, arrivaient à repeindre la façade et l'enseigne, je vois ça d'ici. Tu as laissé la ferraille et tu es arrivée à Paris. Et puis? Rien? Clémence, tu ne me dis pas tout. Au début, rien? Un homme, il y a deux ans. Trois mois, et tu le quittes, pourquoi? Ça m'intéresse, tu comprends.

— Erreur d'aiguillage. Il n'aimait rien de ce que j'aimais.

Villaderda se détourna et revint à ses tas de papiers. Il les réduisit en petits morceaux qu'il jeta dans le seau à ordures, prenant soin de le secouer pour qu'ils se mélangent aux pelures de fruits, au marc de café qui s'y trouvaient déjà.

— Le genre de raison qui ne veut rien dire. Moi non plus je n'aime pas ce que tu aimes. Vas-tu me quitter dans huit jours?

— Mais toi, je t'aime.
— Comment savoir si c'est vrai?

Clémence agita la main, et la fumée qui brouillait les traits de Villaderda se dispersa.

— Et pourquoi suis-je là?
— Si je connaissais la réponse exacte... Dans un mois, ne diras-tu pas : erreur d'aiguillage?

Un aveugle, du bout des doigts palpant les objets, leur contour et leur matière. Pareillement, sa mémoire tâtonne et frôle les images ce soir-là. Il lui a tendu la bouteille, elle venait de dire « s'il te plaît, j'ai soif ». Fraîche à ses doigts qui la saisissaient; hier, lorsqu'elle se glissait dans son lit haut et bleu d'où elle apercevait l'alcôve de ses parents, et que son pied descendait jusqu'à la bouteille cachée au fond, sa main cherchait et trouvait sous le matelas le contact d'un autre verre. N'était-ce pas une méprise, un attouchement trompeur? Ce souvenir importun était-il né de la fraîcheur du verre, des propos d'Éloy sur Villaderda qui buvait beaucoup? Il buvait pour dormir. Il prenait la bouteille, la soulevait, la regardait par-dessous et disait : « J'appelle le sommeil. » Son ivresse restait douce, attentive. Le transformait-elle ou revenait-il à sa vérité? Si différent au réveil, désenchanté, inquiet. Tout à coup fort de ce camouflage qu'il endossait en ouvrant l'œil. Conversations du soir, du matin. Le deuxième matin, tâtant ses joues, il annonçait avec gravité : « Il faut que je t'en parle. » Inquiète, Clémence s'arrêtait devant le lit. Ces bizarres liens doubles qui les retenaient... « Bref, la question de ton salaire. Tu gagnais combien à Novaprix? » Elle avait montré son bulletin de paye. Cinq cent cinquante? C'était peu. L'exploitation des petites vendeuses... Il lui donnerait donc cinq cent cinquante.

Il l'observait. Impassible, elle n'avait pas cillé. Elle acceptait? « Tu viens de me rassurer. Pour ma sérénité d'esprit, tu comprends? » Il commettait l'imprudence de l'associer à ce travail, cette mesure rétablissait l'équilibre perdu. « Je ne pourrai pas douter de toi, me torturer en te prêtant certains calculs. Quant à la différence — les pourvoyeurs de fonds avaient dit : trouvez donc une petite employée à sept cents francs, sept cent cinquante —, elle couvrirait le loyer de leur chambre. Cela pouvait également se justifier par cette inexpérience qui la freinait encore; « le moment venu, je réajusterai ton salaire ». Après cette mise au point il se sentit mieux. Ensemble ils partirent jusqu'à la rue Saint-Honoré. Volubile et confiant, Villaderda marchait les mains aux poches, étourdissait Clémence de projets et d'espoirs. Le même soir, ils dînèrent à onze heures. Villaderda s'était assis au bord du lit, sans se déshabiller, feuilletant des journaux posés près de lui, qu'il avait rapportés. Clémence le devinait soucieux. Il mangea en silence et retourna s'étendre sur le lit.

« Six cent mille Espagnols en France, c'est la dernière statistique... Clémence, si je n'avais pas trouvé cet emploi... » Mais le garderait-on s'il n'obtenait pas les résultats attendus?

« A toi, ma bien-aimée, ma confidente, je peux le dire... je me sens diminué. Aujourd'hui encore, cet entretien si important, je ne suis pas capable d'en rendre compte. Ça m'échappait à mesure qu'ils parlaient. Je ne retrouve rien. La fatigue. Il ne me serait plus possible de faire une grève de la faim, tu réalises? J'en ai fait trois il y a vingt-cinq ans. Maintenant, fini, je ne tiendrais pas. Je perds la mémoire, je n'arrive pas à rassembler mes idées, j'ai des éclairs d'inspiration et j'oublie. »

Pendant qu'il parlait, Clémence avait baissé le son de la radio. Il l'ouvrait quand il rentrait, tendait l'oreille à l'heure des nouvelles — « lève, lève », disait-il à Clémence s'il entendait le mot Espagne —, s'arrêtait parfois au milieu d'une musique fragile et fugace, saisie, perdue aussitôt. Revenait cet accord doux et bref, il le suivait rêveur et muet jusqu'à sa chute et se taisait encore au-delà.

« On ne tue pas impunément certaines choses dans l'homme, le reste risque aussi de craquer. Je suis foutu, Clémence, mais toi seule le sais. »

Il se reprenait aussitôt.

N'est-ce pas, elle l'aiderait à masquer ses insuffisances jusqu'à ce qu'il se reconstitue tout entier. Cela ne manquerait pas d'arriver. Cette sécurité nouvelle, jamais connue, c'était la halte favorable dont il pourrait profiter. Dont Clémence l'aiderait à profiter. Il en était sûr, elle le pouvait. Lui manquaient seulement l'ambition et l'audace.

« Toi, enviait-il, jeune et désirable, quoi qu'il t'arrive tu trouverais toujours un lit où dormir, quelqu'un qui se chargerait de toi. Un homme, à mon âge surtout... Il n'y a pas tant d'années, je couchais — c'était à Bruxelles — dans des salles d'attente, une gare chaque soir pour passer mieux inaperçu. Je ne peux plus, j'ai trop donné. »

« Qu'est-ce qu'il a fait de plus que nous autres? Il veut nous bluffer tous. Tu sais, il paraît qu'on l'a porté en triomphe, un soir, en trente-cinq, à Sabadell. Ça l'a matraqué, il n'a pas pu s'en relever, toute sa vie tourne autour de ça. Fais attention, Clémence, j'ai dans l'idée qu'il sera un sale patron. Comment a-t-il fait pour t'engager? Et il boit, tu as remarqué? Et il a changé dix fois d'étiquette. Il arrive à s'en expliquer mais, il ne s'en doute pas, on le surveille. Fatigué, tu parles!... Les autres non? Et qui n'ont pas eu sa chance. Je ne sais pas pourquoi on l'a toujours ménagé, ce type-là. »

Éloy ignorait donc qu'elle partait le rejoindre. Faisant la route avec Clémence jusqu'à l'autobus qui l'emportait pour toujours, se disait-elle, loin de Saint-Denis, il avait parlé de Villaderda durement, les lèvres serrées. Et comme les voyageurs descendaient, il lui avait tendu sa valise et promis une visite à son nouveau bureau.

« J'irai le taper pour la Campa puisqu'il va devenir riche maintenant. »

Villaderda s'absenterait pendant trois jours. Au moment de la quitter, il remit à Clémence une serviette beige, lourde et bourrée.

— Avec les documents que je te confie il y aurait de quoi me perdre. Mais j'ai mis là-dedans aussi de quoi perdre quelques autres. C'est ce que j'ai de plus précieux. Garde-le sans l'ouvrir. Ce n'est pas la peine d'aller au bureau, rien n'a encore démarré. Ah! oui, quand même, pourrais-tu me délayer un peu tout ça? — Il montra quelques lignes tracées de son écriture montante et serrée, réflexions sur les entretiens qui l'avaient occupé la première semaine. — Tu vois. Que ça fasse important et sérieux. On titrera : *Procès-verbaux d'entretiens.*

Son absence aiguisait le temps. Au soir du troisième jour il revint. Clémence ouvrit, il se figea. Son regard consterné se promena de la cheminée sans glace au lit poussé dans le coin. Camouflant le lavabo, se dressait un paravent neuf décoré de photos et de fleurs. Il poussa du pied sa mallette et claqua la porte.

— La chambre a changé, dit Clémence.

Villaderda s'était approché de la cheminée.

— Je vois bien... — Et il y avait aussi de l'impatience dans le ton moqueur de sa voix. Devant la lampe posée près du lit sur un tabouret, il déclara que ça, au moins, c'était une bonne idée. Pour le reste... — Tu as affaire à un homme. J'ai passé l'âge de tout ça, il serait temps que tu le passes aussi.

Il s'accoudait à la cheminée. Sa main pendait devant sa jambe droite. Le décor avait disparu. A sa place, dans une espèce de croquis fait de traits et d'angles au tracé net, des spirales échevelées passaient comme un court-circuit le long de ces fils fragiles.

Il fallait qu'elle comprenne et distingue. Le fondamental, l'essentiel et le secondaire. Cette chambre, il l'avait obtenue sur sa respectabilité, son sérieux. Que la vieille logeuse s'aventure jusqu'au cinquième... — ces hommes, fusil levé, il avait reconnu les photos et sur le paravent l'allégorie chère à tous deux : risques inutiles, puérilités. Il avait appris à paraître neutre. Ces images, on les portait en soi. Quant au reste, la lampe, le paravent, la carpette, comment les avait-elle achetés? Les congés payés de Novaprix? Oui. Lorsqu'on disposait d'aussi peu d'argent, on le ménageait. Il lui apprendrait cela aussi. Mais elle lui avait trop manqué, on parlerait demain.

Il avait faim. La lampe rétrécissait la chambre. Fluides et mouvants, les objets et leurs ombres autour d'eux. Leurs doigts s'accrochaient par-dessus les assiettes et glissaient jusqu'à la paume, jusqu'au poignet, remontaient. Villaderda, brusquement, relève la tête vers l'armoire.

— Un moment, dit-il. — Et se mettant debout, il écarte le bras de Clémence. La serviette de cuir qu'il y a lui-même déposée s'y trouve encore.

Il la saisit, examine le cuir, les serrures, prend ses lunettes, s'approche de la lampe, essuie d'un doigt la poignée.

— La poussière, murmure-t-il, ça ne prouve rien.

Clémence a compris. Elle se tait, s'écoute respirer. Son examen terminé, il demeure quelques secondes indécis et perplexe, retire lentement ses lunettes. Clémence, immobile, le voit s'approcher d'elle, glisser, s'agenouiller. Jusqu'à lui faire mal il enserre ses jambes, écarte le tissu de sa jupe, embrasse le mollet, le genou, soufflant « Clémence, Clémence », collant sa bouche sur la rugosité de ce genou comme s'il choisissait la place la plus fade, la moins suave de son corps, pour qu'elle saisisse mieux le sens de ce baiser. A son tour Clémence glisse par terre. « Relève-toi, que croyais-tu? relève-toi. » Il la maintient contre lui ainsi agenouillée. « J'avais besoin de savoir, il le fallait. » Il est ivre de confiance, il la relève.

— Tiens, regarde là et là encore! Si tu avais ouvert je m'en serais aperçu. Ne sois pas blessée. C'est fini. Plus jamais ça.

Dans la nuit, tout à coup il rallume, il a faim, il mange, il boit, il parle, il a envie de parler, il raconte son voyage, ouvre sa mallette, en sort un journal, du linge sale et, d'un sachet de nylon transparent, un croissant qu'on lui a servi ce matin à l'hôtel; ils le partagent. Il reprend la serviette abandonnée contre le lit, fait sauter les papiers collants cachés entre les soufflets, casse le fil dissimulé sous la serrure, l'ouvre enfin :

— Regarde...

Elle est bourrée de papier blanc, lisse, vierge.

Clémence sourit, ensommeillée. Il prend sa main, la promène sur les pages froides.

— Tu peux feuilleter, ce n'est que du papier blanc... C'est fini, répète-t-il, fini. Mais j'avais besoin de savoir.

Au matin, sa toilette terminée, il s'assit devant la table.

— Clémence, le compte rendu, y as-tu pensé?

— J'ai sué, dit Clémence. C'est un peu mou. Vois.

Il replia les quatre feuillets qu'il venait de lire.

— Ce n'est pas mal. Il te manque les formules à double sens, à triple interprétation, derrière lesquelles on se met à l'abri. Je t'apprendrai.

Il allait sortir, il revint vers elle.

— Tu m'as rassuré, nous commençons maintenant notre existence complice et commune. A partir d'aujourd'hui n'achète plus de vin, beaucoup de travail nous attend.

GABRIELLE

Lorsqu'il en était arrivé à ce point du roman, Simon avait fermé le livre. Occupations ou fatigue l'avaient empêché d'aller plus avant. Huit jours s'écoulèrent sans qu'il le rouvrît. « J'ai de la peine à lire, avait-il expliqué un jour à Suzanne, j'épelle. Je veux dire, je vais d'un mot à l'autre avec lenteur suivant le déroulement de l'image qui m'est dessinée, détaillant chacun des visages qui passent en relief sur les lettres. Véritablement, je parcours les lignes avec mes sens, tâtant l'épaisseur des verbes, traversant la page comme les poètes traversent les miroirs, je flâne et m'installe dans les mots dès que je m'y sens bien. » Il reprit le livre et imagina tout de suite Villaderda. Anna, Éloy, Olga elle-même étaient là, il se souvenait d'eux. Point de Clémence. Elle restait trop vague, trop imprécise. Pourquoi écrivait-elle à Villaderda? pourquoi le suivait-elle? Aucun trait de sa personne ne lui était connu. Avant le *Strasbourg Hôtel*, d'où venait-elle? Il poursuivit, n'apprit sur elle rien de plus. Mais quand il la croyait ensevelie ou dévorée par Villaderda, leurs deux ombres tout à coup se dessinaient sur le mur de leur chambre, hautes, pareillement larges. Elle était là, bien

vivante; intacte ou renaissante, difficile à savoir.
Lorsqu'elle viendrait chez lui, Simon s'était proposé de mener Gabrielle devant sa fenêtre. « Penchez-vous à droite, lui dirait-il. Face à la porte d'entrée, le café aux rideaux froncés qui cachent l'intérieur... » Elle ne pourrait manquer de le reconnaître; bien sûr, il s'en était trouvé de semblables dans les décors de sa jeunesse, il était prêt à le parier. Mêmes damiers des rideaux épais, même porte souvent close, mêmes clients.
Gabrielle était repartie. Il avait failli la retenir, lui dire « écoutez-moi ». Et subitement sa mémoire était devenue blanche, il ne pouvait retrouver la teinte des damiers, les autres couleurs aussi s'étaient évaporées. Tous ces souvenirs restaient bloqués dans sa gorge, jamais digérés, jamais avoués. Mais peut-être n'y avait-il là que le fruit de son imagination, rien de semblable n'existait dans la mémoire de Gabrielle. La prochaine fois qu'il la reverrait il la questionnerait. La certitude lui revenait qu'elle l'écouterait, la certitude lui revenait avec le rouge vineux des damiers et le doré du bec-de-cane. Pour Gabrielle, il retrouverait aussi la voluptueuse panique de ce soir-là : il attendait son père comme d'habitude, rue de l'Orillon. Les copains qui travaillaient à la scierie lui disaient : « Mais viens donc avec nous, emmène le gosse ! » Ils disparaissaient derrière les carreaux rouges et blancs. Quand ils poussaient la porte, une bouffée de chaleur sortait de là-dedans. Son père craignait trop sa femme pour céder à leur invite. Et ce soir-là pourtant il était entré, Simon accroché à sa veste. Déception. Une petite salle, un petit comptoir autour duquel s'écrasaient des hommes et quelques femmes qui parurent énormes à Simon. Son père s'était vite mis au diapason. Tout le monde parlait à la fois et fort.

Quelqu'un lui avait passé une limonade et son père y avait versé une goutte de vin blanc. Sa figure, ce soir-là, inconnue, étrangère. Jamais plus après ce soir-là il ne devait la retrouver. Les autres hommes écoutaient son père, à plusieurs reprises ils l'avaient approuvé. Il s'était enhardi, avait posé sa main sur l'épaule d'un type qu'il ne connaissait pas et qui branlait la tête, ronchonnant « ... le communisme... le communisme... »

— Le communisme... — pendant quelques secondes son père avait cherché, le doigt vissé dans le veston du type —, ... le communisme... — il ne trouvait toujours pas ses mots. Simon aussi attendait : — le communisme... ta femme c'est la mienne !

Tout le monde avait applaudi. Simon était resté ahuri, il ne comprenait pas. Son père, rouge et fier, avait pris un second vin blanc que le type lui offrait. Pendant des jours, la phrase l'avait préoccupé. Il regardait sa mère, dont les heures étaient comptées. Dans sa tête passait un rondeau de femmes interchangeables. Puis il avait oublié. Jusqu'aux grandes grèves de 36, où il s'était pris d'un amour désespéré pour sa mère. Lorsqu'elle accablait son mari de sa hargne de ménagère pauvre, il se disait pourtant qu'elle ne l'aurait pas volé. Puis étaient venues les premières vacances, la mer, la campagne pour la première fois. Un feu d'artifice, un éclatement, il galopait dans tous les rêves à la fois, ses parents avaient cessé de le préoccuper.

Pour Gabrielle aussi il s'appellerait désormais Villaderda. Naturellement, ça n'était pas son vrai nom.

Elle ne le révélerait jamais. Et d'abord à qui? A Simon qui allait entrer — tenter d'entrer — dans la peau de ce Villaderda? Il avait souvent essayé de la questionner sur Clémence, curieux, disait-il, de sa vie passée, sa vie d'avant Villaderda. Deux fois seulement elle avait failli mollir et se raconter, deux fois. Parce que de la boîte cadenassée des souvenirs s'étaient échappées une image, une odeur qui avaient manqué la faire trébucher. Un soir, marchant auprès de Villaderda, obscurité, Paris, silence de la rue, bruine douce, bras de Villaderda sur son épaule, odeur forte du tissu mouillé dans sa figure, même odeur que celle de son père, elle allait ouvrir la bouche, il avait dit : « C'est bon, ce silence, Gabrielle, j'aime ton silence! » La veille, il l'appelait dissimulation. Et la deuxième fois, montant la rue où Simon habitait, elle avait marqué le pas devant un café aux rideaux froncés. Par la porte entrouverte, tous les souvenirs s'étaient échappés. Elle avait ressenti la nécessité de parler à Simon dans l'instant. C'était leur sixième rencontre, elle commençait à se délier, non pas de façon visible mais à l'intérieur d'elle-même. Se débarrasser des paravents, de Clémence, de Villaderda, commencer légère — alors elle le serait véritablement, sans effort.

« ... un même café, juste au tournant de notre rue. Ma mère, que j'accompagnais partout, pressait le pas quand nous passions devant. Parfois nous allions très loin « faire des commissions », comme elle disait. Le reste du temps elle me gardait auprès d'elle et je jouais dans la cuisine et dans la chambre. Celle-ci donnait sur la rue mais la fenêtre restait souvent fermée. Par instants, ma mère se jetait sur moi, me suffoquant sous ses caresses, puis elle retournait s'asseoir devant la vitre et me laissait à mes imaginations. Je disposais de tous les objets de la cuisine, casseroles, cuillères, ligots de bois dont nous garnissions la cuisinière, cuivres de la cheminée, couteaux, elle me laissait tout prendre et transporter dans les recoins de mon choix. Soudainement elle quittait la fenêtre et ramassait ce que j'avais éparpillé. Entrait alors mon père, il se dirigeait vers la souillarde où se trouvait l'évier et décrassait longuement ses mains. J'allais l'embrasser, il questionnait : « Alors?... » Ma mère s'affairait autour de la table. Je n'entendais pas ce qu'ils se disaient. Instinctivement, je me préservais d'eux par des trouvailles spontanées, à partir des riens que j'avais sous la main. Embrassant chaque partie de mon corps qu'elle déshabillait, ma mère me soulevait et m'installait dans le lit bleu dont je n'atteignais pas encore le fond, petite maison sans toit où je me serrais, aveugle et sourde aux tempêtes d'à côté. Par hasard ou par jeu, mon pied glissa quelque soir jusqu'au bois du fond. Rondes, lisses et fraîches, je m'habituai à les retrouver à chacun de mes couchers. Mon pied les caressait et remontait. Nous allions souvent fort loin pour les acheter et toujours dans quelque épicerie nouvelle. « Joue, prends tout ce qui t'amuse », disait ma mère à notre retour. Elle me livrait la cuisine, s'enfermait dans la chambre. Le soir, sous mes couvertures, je retrouvais les bouteilles à moitié vides. Lorsque arrivait mon père qui lui ouvrait la bouche et la reniflait brutalement, je retournais à mes jeux imaginaires, très loin d'eux. Mon père dit un jour que j'avais l'âge de l'école et qu'elle devrait m'y conduire en octobre. Alors les bouteilles se multiplièrent. Nous marchions quelquefois jusqu'à la lisière des docks. « Qui trouvera un joli

magasin? » proposait ma mère. J'avais alors droit à
quelque friandise. L'école était proche, deux ruelles,
un carrefour à traverser, et quatre fois par jour nous
passions devant le café aux vitres voilées. Je retrouvai
les petites voisines, j'appris à jouer avec elles. Les
récréations étaient longues. Une grille séparait la cour
de la rue qui la longeait. Un matin où je jouais à la
corde avec une petite fille, quelqu'un m'appela. Je
tournai la tête. Accrochée aux grilles, ma mère me
regardait. Je lâchai la corde et courus vers elle.
« Gabrielle, Gabrielle... » Sur ses joues coulaient des
larmes. Elle disait « ma petite fille », comme si je
m'étais trouvée derrière les grilles d'une prison.
Chaque jour elle s'en vint à cette heure-là où nous
courions et sautions jusqu'à l'essoufflement. Elle se
pendait aux barreaux et me fixait avec désespoir.
Je m'immobilisais et la fixais à mon tour, stupidement, mais je n'allai plus vers elle. Dans son besoin
de me toucher, de m'approcher, elle imagina bientôt
de tendre le bras à travers les barreaux et de crier
mon nom plus fort. Dès lors je pris l'habitude de me
retirer au fond de la cour et de jouer seule. A midi
elle venait m'attendre. Nous ne parlions jamais de ses
apparitions à la grille, désormais quotidiennes. Un
froid matin, les maîtresses nous faisaient courir,
claquant derrière nous leurs paumes sèches; elle
appela, et se retournèrent les têtes vers les barreaux
où s'accrochaient ses bras. Alors je la vis. Je savais
lire maintenant. Je commençais d'écrire des phrases
rondes et douces sur le bonheur du foyer. Les maîtresses la regardaient. Je la vis. J'avais grandi, mes
membres se cognaient au bois du lit bleu, je m'endormais moins vite, j'entendais les pas de mon père sur le
plancher de la cuisine, je couchais sur les bouteilles

qu'il cherchait. Je la vis, et les longues marches à la découverte de bonbons rares cessèrent d'être un jeu. Elle tenait un profond cabas où elle enfouissait les litres. Les bonbons se ressemblaient tous, je m'en aperçus. Dans les bocaux de verre d'où la main du marchand les tirait, se mouvait un visage de petite fille résignée. Dehors, ma mère pressait le pas et me traînait en me récitant sa litanie d'amour. Elle raffinait son accoutrement par la superposition. Le vin brouillait les couleurs et les formes. Aspect d'oiseau peureux aux membres grêles, souligné par d'anciennes robes qu'il fallait bien user, gonflées aux manches et à la taille — un hérissement de plumes — sous des gilets recouverts d'écharpes qui en dissimulaient l'usure. Je retrouvais notre rue avec soulagement, elle y perdait sa singularité. Un roulement de charrette la faisait sursauter. Elle craignait l'apparition de mon père attelé à sa charge de ferraille. Prodigieuse, sa dissimulation! Le refus de se voir lui suffisait. La bouteille à la main, elle niait encore. Un jour, je défis mon lit et alignai les litres sur le plancher. Elle m'avait perdue, elle en eut conscience et son malheur devint total. Quelque temps, elle se surveilla, poussa l'amour jusqu'à se séparer de moi et entreprit le siège de mon père pour qu'il acceptât de m'envoyer en pension. A l'engourdissement succédait l'idée fixe. Il faut dire qu'elle avait été une jeune fille médiocre, qui travaillait à quatorze ans, se mariait à vingt-huit. Mon père avait des maîtresses, il entendait bien les garder. Il consola ma mère; la vie, c'était ça; un petit verre de temps en temps lui ferait oublier ses chagrins. Il n'imaginait ni la suite ni le fardeau inutile qu'elle deviendrait. Il travaillait comme une bête. Il avait d'ailleurs de l'animal lorsqu'il passait la porte, haut et sale, dos cassé par la charrette, mains noires et larges, visage crasseux où luisaient ses yeux clairs, grognant son « alors...? »

— Et payer la pension? objecta-t-il.
— Je travaillerai, promit ma mère.

Elle le fit. Quelques heures tous les jours à la plonge d'un restaurant. Son sacrifice lui donna cette force. Mon père n'était pas fâché de me séparer d'elle. Il m'aimait violemment mais ne savait pas me le dire. Chaque dimanche et chaque jeudi je revenais à la maison. Ma mère buvait plus encore mais une étonnante intuition la faisait apparaître sobre et discrète à la porte du Saint-Nom lorsqu'elle venait m'y chercher. Petit pensionnat modeste, suffisamment éloigné des docks pour qu'on ne nous y connût pas. Je m'y plus. Lit propre et blanc, danse gracieuse des génuflexions dans la chapelle aux odeurs étourdissantes. A huit ans, je n'étais pas une petite fille sublime, je me suffisais de ces douceurs tandis qu'on s'obstinait à varier mon vocabulaire. Il était fort réduit. Les conversations de mes parents, les disputes d'une fenêtre à l'autre... où aurais-je été pêcher les mots? Mes petites amies possédaient ces armes, j'en étais complètement démunie. Je me souviens d'un devoir :

La pièce où l'on prend les repas?
La pièce où l'on reçoit?
La pièce où l'on fait la lessive?

Et je répondis : la cuisine, la receveuse, la lessiveuse. Quelle imagination m'aurait soufflé ce que j'ignorais? Les enfants se pétrissent de pain, d'amour et de mots. En sécurité sur le radeau où mes parents m'avaient hissée, je traversai des années calmes. Juste une légère palpitation quand on criait mon nom pour la sortie. Ma mère tenait le coup. Digne, droite, modeste, deux fois par semaine. Une petite amie me proposa de goûter chez elle un jeudi et ma mère en fut bouleversée. Indifférent à ces vanités-là, mon père refusa d'acheter une robe. Je n'ai jamais cherché à savoir comment elle se la procura. Bleue et blanche, festonnée au col et aux poches. Et je lui saute au cou et je l'embrasse, elle pleure et se mouche et pense qu'elle m'a reconquise. Je ne regardais que moi. J'avais, il est vrai, fort à faire. Des moiteurs closes du Saint-Nom à la ruelle des docks, de la dame terne et simple à l'effarouchée bouche ouverte devant mon père qui la renifle, de la remise noire où gît la charrette, brancards levés — je m'y couche et m'y roule et retrouve le goût de la crasse originelle —, de la chambre unique, du lit agrandi par mon père — il a enlevé le bois du fond, disposé sur deux caisses une couverture roulée, « les pieds, dit-il, ça ne fait rien, le repos c'est les reins » —, de ce lit à l'autre lit dans un environnement glacé d'ordre et de blancheurs : acrobaties périlleuses pour mes onze ans qui n'avaient rien de remarquablement précoce. Faux, ici ou là, je vivais dans le faux. La perception m'en arrivait atténuée, assourdie. Commença bientôt le lent effilochage de ma sécurité. La robe attendait sur mon lit. Ma mère me regardait comme une héroïne. La petite amie, parents dans la cellulose, m'annonça distraitement, non, elle ne m'annonça rien. Le jeudi approchait. Ce fut moi qui la questionnai, elle dit seulement que sa mère ne voulait plus m'inviter et s'en fut sauter à la corde. Douloureuse épine fichée quelque part, je la crois là, le mal est ailleurs et je n'arriverai jamais à retrouver sa tête noire. Alors je m'arrange d'elle. Je fus lâche le soir où mon père vint m'attendre. La charrette au bord du trottoir et la plaque sur le côté, les lettres rouges, du sang qui montait jusqu'au ciel : FARDOUX FERRAILLE. Je reculai. Quelqu'un appela : « Gabrielle Fardoux » et pouffant de rire je lançai : « Ils ont envoyé le commis me chercher... »

Trois longs mois de vacances, le soleil sur notre mur chaque matin, les rigoles asséchées. De cinq heures du soir à la nuit complète, la vie se transportait sur les trottoirs à l'entrée des corridors frais. Il me fallut mendier une place dans les jeux inventés par les enfants de la ruelle. Pour avoir quitté l'école du coin, on me disait orgueilleuse, et rien ne me parut plus exaltant pendant ces vacances-là que le partage de leurs courses. Je chavire d'angoisse en quittant le corridor noir, je recule l'instant de les affronter. A jouer, j'apporte l'ardeur gesticulante du désespoir. Dans la cuisine, fatigue et joie m'anéantissent; tremblante et moite, toute à mon élaboration du lendemain, j'ignore ma mère. Elle est assise et me regarde sans me voir, l'œil doux et absent, la gorge mouillée de vin et de larmes. La cuisine est sale; lorsque arrive mon père elle se lève et, chiffon en main, s'efforce de frotter d'un geste appliqué. Ses doigts et ses yeux la trahissent. Mon père enlève sa chemise tachée de sueur noire. Il n'y a pas de linge sec, il tourne autour de la table, torse nu aux poils gris, et je quitte la cuisine avant qu'il ne la frappe. Je suis avec lui, il le sait. Le jour où j'ai retiré les bouteilles de mon lit, j'ai commencé de la quitter. Elle nous pèse. Elle tombe parfois, dans l'escalier, dans la rue. Les gens rient, ils savent. Elle se relève, ôte sa chaussure, la contemple, cherche la cause de son trébuchement. Les objets lui échappent. J'imagine ses réveils lucides et la stupéfaction qui la cloue devant la glace quand elle s'y regarde, ivrogne honteuse, cernée, traquée dans son vice, forcée de le satisfaire par la ruse, le mensonge et le vol. Mon père bouleversait les meubles pour trouver les bouteilles, tandis qu'elle niait. Un soir il l'humilia si fort qu'elle vint s'appuyer sur moi. Je secouai les épaules, ses mains glissèrent. Saoule et désespérée, elle se jeta sur son lit. Nous dînâmes sans elle. Il faisait chaud, nous étouffions dans la cuisine, nous descendîmes. Je revins chercher ma balle et m'avançai vers le lit. Son bras pendait nu sous la manche courte. Je l'embrassai furtivement à la saignée; elle sentit ce baiser et gémit en reniflant.

Doucement je pris conscience de ma lâcheté et me rapprochai de mon père. Mes yeux traînaient, je savais mettre un nom sur des images. Mon père assis dehors le soir, la voussure de son dos, ses mains épaisses, calleuses, roulant la cigarette, la corne jaunie des ongles, son visage ridé, rugueux. Notre commis, avais-je dit! Je me pris à l'aimer passionnément pour cet outrage. Ma mère me perdit tout à fait. FARDOUX FERRAILLE, ça n'était pas passé inaperçu. On m'appela FARDAILLE. Ainsi la situation était nette et les hostilités ouvertes. J'y mis une ardeur outrancière. Goût du martyre, de la provocation, étalage complaisant de ce qu'hier j'avais nié, exaltation des premiers combats, liberté appétissante comme un pain frais et craquant. Le courage mouillait mes paumes et mes aisselles et l'orgueil m'isolait sur un pic. Perdues, les petites amies, et j'indispose les maîtresses. Je veux retourner chez moi. Qu'est-ce que je fiche là? J'interroge mon père. « Tu es à l'abri, me dit-il. Restes-y. » Il m'y laissera jusqu'à mes quinze ans. Des pics je tombe dans les gouffres. Les heures d'étude, la classe mal éclairée suspendue dans le vide et le silence, mon bureau où s'accumulent mes rares trouvailles, si peu de choses sous la main dans les livres de classe feuilletés impatiemment — j'en vole dans les placards des grandes, les lire est un exploit, j'en retire quelques pages, quelques vers, quelques lignes, je suis affamée —, j'attends le jour de la sortie, je cherche des journaux, je suis parvenue à comprendre le sens de certains mots, j'apprends par cœur les chiffres — progression des communistes, fenêtre qui s'entrouvre, un peu d'eau fraîche sur la vie —, rêves sanglants et noirs, larmes avalées, mutisme persévérant —, je me tairai deux années, à table, dans la cour, en promenade, à la toilette — et ce matin-là, j'ai quinze ans, un devoir bien noté, on m'appelle, mon père est là, il va m'emmener, je rassemble mes affaires, on m'embrasse sur le front, je vais sortir, mon pied trébuche contre la marche à monter, encore un instant, ai-je envie de dire, mais déjà je suis dehors, la porte a grincé, je ne suis plus des leurs. Il y avait eu trois rappels à l'ordre précédant la lettre : « En cas de non-paiement, nous nous verrions obligés de ne pas recevoir votre enfant après les vacances de Pâques. »

— Tout de suite, avait dit mon père, vous me la rendez tout de suite !

Son béret crasseux, ses mains rouillées, on s'en doutait un peu, on n'avait pas hésité : « La voilà ! » Je commençai à l'aider. Une école, on en trouverait une en octobre. Six mois de répit. Chaque matin je descendais dans la remise et, nettoyant comme il m'avait appris à le faire de vieilles pièces métalliques, des morceaux de tuyaux, des cadenas, des clous, je préparais son chargement. Il partait l'après-midi, tirant la charrette, une corde passée autour de l'épaule, et parfois je l'accompagnais. Dans les rues en pente, il ralentissait et je tirais à l'arrière, j'aurais voulu le soulager. Nous installions toutes les pièces sur une bâche et nous attendions. S'il pleuvait, il ne voulait pas de moi. Je m'ennuyais. Pas plus de livres qu'à l'internat. Alors je descendais dans la remise où mon père entassait de vieux journaux trouvés un peu partout. Je les lisais en attendant son retour. En haut, ma mère tournait en rond, je me chargeais des courses, elle n'avait plus ni argent ni prétexte à sortir. Je passais fréquemment devant le café aux vitres voilées. Si la porte s'ouvrait, il en sortait des chants et des rires. L'envie me prenait de pénétrer dans cette gaieté chaude. Les rideaux épaississaient un mystère que mon imagination doublait. Les petits camarades des anciens jeux travaillaient maintenant, je les voyais à peine. Ils se levaient tôt. Ils avaient déjà leur visage d'adultes et pour seuls délassements le café ou le bal. Mon père s'endormait le soir au bord de la table. Il était confiant, le monde allait changer, disait-il, pas pour lui, tant pis, mais moi je verrais de grandes choses.

L'école, en octobre, ce fut toute une histoire. Il ne savait où s'adresser, je dus me débrouiller seule, je me débrouillai mollement. Lorsque j'entrevis la cour cailloutée d'un collège, prise de panique, j'abandonnai. Mon père haussa les épaules. Je lui demandai un jour de l'argent. « Pourquoi ? » Je montrai ma jupe. Il parut déçu. Lorsque nous marchions côte à côte, il m'exposait ses projets : « Avec une voiture, je pourrais faire les environs, ça donnerait mieux, depuis cinq ans j'essaie, je n'arrive pas. Ici c'est fichu. » Nous nous entendions très bien. Nous ne parlions jamais de ma mère, il disait parfois « l'autre » et je comprenais. Sur un marché il avait acquis une literie et un paravent qu'il installa pour moi. Le paravent atténuait la clarté de l'ampoule, cette pénombre élevait autour de mon lit des murs infranchissables et tous les divertissements nés de mon imagination effaçaient alors ce que ma solitude avait de morose.

De plus en plus souvent mon père descendait dormir dans la remise où il s'était installé une sorte de couche. J'aurais voulu parler avec lui. Quand je le regardais à table ou dehors je reconstruisais son premier visage, effaçant le buriné sur le dessin des traits, l'affaissement des joues, ôtant de ses yeux vifs et clairs les plis qui les éteignaient. Cinquante ans, l'apparence usée — « la vitrine est foutue », disait-il aux hommes qui le plaisantaient sur sa robustesse. Côte à côte sans nous parler. Il ne savait pas, je n'osais pas. Il commençait une phrase, n'arrivait pas à l'achever, c'était trop compliqué, toutes les curiosités de sa jeunesse avaient été écrasées. Travailler. Le travail. Pour délassement, de nombreuses femmes qu'il étendait contre lui vite, n'importe où, dans les écuries, les chais, les caves, c'était son langage, sa communication brutale de muet. A partir d'avril les soirées s'adoucissent et les palabres nocturnes reprennent. Je rejoins mon père assis sur la marche à l'entrée du couloir. Avidement, j'écoute. Une cage s'échafaude, charpente métallique et noire. Grillage vertical : grues, soutes, hangars, bassins à flot en forme de barreaux ; cale, chômage, embauche, fouille, accidents : verrouillage horizontal. « Comme un rat », dit un soir quelqu'un. « On fera sauter le filet à petits coups de dents. » J'aimai cette image. Voilà, nous sommes de patients rongeurs. Je calligraphiai ces mots et les portai sur moi comme un scapulaire.

Je trouvai mon père occupé devant la cuisinière.
— Elle est au lit, m'expliqua-t-il.
— Malade?
— Penses-tu!

Il coucha dans la remise. Le lendemain je me débarbouillais quand elle apparut. La serviette étouffa mon cri. Noire des cheveux au menton. Et bouffie, gonflée de sang mâché, sans yeux, hagarde, tâtonnante. Elle évita de passer devant la glace et prit la cafetière d'une main morte. Masque répugnant. J'avais peur d'avancer. Peur et dégoût. Je dis :
— Tu es tombée?

Elle souffla, soulagée :
— Oui, je suis tombée, tombée, tombée. — Elle répétait ce mot avec satisfaction.
— Où?

Elle chercha sans trouver. Je lui conseillai des compresses d'eau fraîche. Elle me regardait, tendait vers moi cette chair monstrueuse et informe.
— Tu veux un docteur?

Elle fit non et partit s'allonger. Mon père vint à midi et remarqua mon humeur.
— Tu y as été un peu fort, lui dis-je sèchement.

Il l'avait surprise la main dans la poche de sa vareuse. Il ôtait ses chaussures, elle se croyait tranquille. Il avait frappé, elle avait dû se cogner en tombant, pensait-il. Élimée notre sensibilité, émoussée notre compassion. Nous n'avions pas conscience de notre dureté. Elle passa trois semaines tapie dans son coin, nous épargnant des remords. De loin, le matin, je questionnais : « Ça va mieux? » Elle secouait la main, gardait son visage tourné vers le mur. Deux ou trois fois je déposai des fruits, une cuvette d'eau sur la chaise auprès de son lit. Dehors le soir, quand éclatait un rire qui nous détendait tous et se communiquait de porte en porte jusqu'au bout de la ruelle, le mien tout à coup vacillait, mes yeux se levaient vers la troisième fenêtre entrouverte par où, honteusement, elle buvait l'obscurité rafraîchissante.

Un homme que nous croisions souvent — il invitait mon père à boire un coup et celui-ci me disait : « Rentre à la maison, j'arrive... » — fréquentait le café aux rideaux tirés. Je passais, la porte s'ouvrait, il sortait auréolé de la chaleur sucrée du dedans, cigarette à la bouche et, manquant de me bousculer, appuyait ses mains moites sur mes bras nus, s'excusait en souriant et se retournait quand je me retournais aussi. Pas d'âge, plutôt jeune, bouffissures autour des yeux, cravaté et brossé, élégance étonnante pour le quartier. Rencontrant mon père que j'accompagnais, il avait dit : « Vous ne devez pas la laisser comme ça, il faut la remettre à l'école. N'est-ce pas? Elle veut? » Oui, elle veut.

Et main levée :

« Où donc s'en sont allés mes jours évanouis
Est-il quelqu'un qui me connaisse
Ai-je encore quelque chose en mes yeux éblouis...

— Elle sait? Elle connaît? Victor Hugo, très bien! Fardoux, je vais lui prêter des livres et vous me la remettez à l'école. »

Fonctionnaire des colonies, chassé de l'administration, installé dans le quartier, méprisant les dockers, oisif et solitaire, il gardait au fond de sa mémoire imbibée de vin blanc quelques bribes de poèmes qu'il sortait, verre en main. Mon père ne l'aimait pas. « Si tu vas chercher des livres, ne monte pas. Attends qu'il descende. »

J'y allai. Je frappai au marteau de la porte, il se pencha par-dessus la rampe : « Montez, troisième à gauche ! »

Une chambre triste, des négresses nues sur un mur, des souliers sous le lit. Il ouvrit l'armoire où se trouvaient les livres. Une quinzaine en vrac. Il me dit de choisir. J'en pris trois.

— Vous, moi, nous sommes... — Il tapa sur les livres. — Çà !... *Où donc s'en sont allés...*

Je souriais poliment. Il se rapprocha, saisit mon bras. Visqueuse, sa main.

— Mon père est en bas, mentis-je. Il faut que je descende.

Curieusement, cet homme — de son nom écorché par tous il n'était resté que le début, *Saint* quelque chose — réveilla en moi le désir d'apprendre à nouveau. Sa considération pour moi dont je ne démêlais pas tout à fait les raisons, je ne voulais pas la perdre. Les livres qu'il m'avait prêtés me parurent médiocres, je chargeai mon père de les rapporter, et lui fis part de ma décision de retourner en classe.

— Comme tu voudras, tu t'en occupes.

Il m'emmena un matin de juillet dans la boutique d'un sandalier. Le goudron des quais fondait :

— Une paire d'espadrilles, dit-il, mais avec du caoutchouc dessous.

Je vis Georges, il avait mon âge, il était en vacances; son père nous dit :

— Voilà mon fils, il a son brevet, on va lui trouver une école pour continuer.

Je ne pus supporter de me taire :

— J'étais aussi dans la classe du brevet il y a deux ans.

Il fallait qu'il sût. Quand je sortis il me tendit la main.

Nous avons fait semblant de nous rencontrer par hasard, d'aimer les mêmes marches vers les bassins à flot. Nous croisions des hommes au pas lent. Leur fatigue les exilait loin de nous et de la ville. J'ai patiemment écouté ses rêves sages. Il n'en finissait pas de louer ses père et mère, il m'écrasait un peu sous leurs nuits blanches, leurs repas sautés, leur vie sacrifiée pour lui. Du tunnel de Cerbère à la sandalerie il y avait une interminable traînée de sueur qu'il essuierait un jour de ses mains d'ingénieur respectable. Lassés des bassins à flot, nous avons pris d'autres routes qui montaient vers la végétation grillée de cet été incomparable. Georges se reflète dans toutes les choses que je frôle, il m'étire jusqu'au-dessus de moi et j'imagine les prochaines vacances lorsque j'étalerai mes efforts et mes succès. Ses jours de sortie il m'aiderait, la ville se figerait en un mois d'août hospitalier qui nous offrirait ses trottoirs en guise de bancs.

Un dimanche, ses parents, qui ne baissent jamais le rideau, s'en vont et laissent Georges dans la boutique ouverte. Je l'y rejoins. Ma mère déjà grise est à la fenêtre, mon père joue aux cartes.

« Si mes parents savaient...! » dit-il. Il verrouille la

porte du magasin. Je le suis dans la cuisine noire et propre où il m'offre un verre de menthe. Encore une pièce sombre, elle ouvre sur la cour par une lucarne grillagée. Dans un angle, son lit étroit et ses livres. Les planchers sont cirés. La propreté me bouleverse. Georges parle et le lit s'ouvre où je roule avec une ferveur telle que mes yeux se mouillent. Malgré la meurtrissure, je me soulève, Georges tient mes cheveux dans sa main, « Gabrielle, reste encore ». Je lui demande un peu d'eau pour laver ma robe tachée. Il se dresse et saute du lit. Il a vu le sang sur le drap, il est affolé.

« C'était la première fois? Pourquoi tu ne me l'as pas dit? » Colère et panique le saisissent, il arrache le drap, le traîne jusqu'à la cuisine, il m'amène devant l'évier, secoue mon bras, « lave, lave », crie-t-il, « lave jusqu'à ce qu'il soit propre ». Il ne s'occupe que du drap, jette un coup d'œil sur le sang que je frotte de toutes mes forces. « Encore! Ici... » Je cherche un mouchoir, je n'en ai pas, il ne me regarde pas, j'essuie mon nez au drap, je frotte, je rince, l'eau m'éclabousse, cette cuisine est noire, je dis : « Ça y est », il approche, vérifie, explose : « Et là? » Il écrase ma figure contre l'auréole jaunie. Je recommence, le drap ruisselle, mon sang est tenace. Georges allume un réchaud à gaz. Ils ont donc le gaz? Sur la flamme il place un fer à repasser : « Maintenant, tu vas le sécher! » Son angoisse me gagne. Il me regarde à peine. Ma virginité lui fait horreur. A moi aussi.

« Alors tu ne sais même pas comment on évite les enfants? » Je tourne la tête. En finir avec ce drap. Quand le lit est enfin ordonné, Georges se radoucit : « On se verra mardi, on s'expliquera. »

Dans le soleil du soir les mâts lointains noircissent,

je les regarde à peine, je m'arrête soudain : ma robe, je m'en souviens, est encore tachée. Et je me hâte de rentrer, le cœur alourdi du poids de ce drap mouillé.

Je ne pris pas de risques. Je me contentai de m'inscrire dans une école dite « Philomathique » où se dispensaient chaque soir toutes sortes de matières. L'amour filial de Georges avait déteint sur moi, je rêvais maintenant d'aider mon père.
Cela se passait bien. Tourmentée d'abord par les appréhensions de Georges, j'avais décidé, si ce malheur arrivait, de me noyer. Toute situation avait donc une issue et cette détermination me délivra de l'angoisse. Je n'étais pas malheureuse. Je sortais du cours à la pleine nuit. Long trajet dans les rues vides, descente vers les quais illuminés, détour, afin de prolonger cette impression de liberté, l'escalier silencieux, la cuisine vide — si ma mère m'attend, je l'envoie se coucher —, le bruit de la cuillère, l'eau fraîche, la mie de pain que je sauce, le lit, le journal, la sensation brûlante d'être et d'exister, les rêves d'avant le sommeil.
Très vite, à la dérobée, ma mère meurt un matin. Elle tombe, on la relève, elle retombe, on l'emmène, elle est morte. Fosse commune. Morte sans rien dire. J'aurais souhaité qu'elle se sentît malade. Nous aurions parlé, j'aurais été tendre, elle aurait reçu mes confidences, l'inutile robe festonnée, la cour de récréation où je me promenais solitaire. Et j'aurais su. Pourquoi les bouteilles, la crasse. Elle avait passé sa vie sans parler. On en crève aussi. Deux ans plus tard, je m'en allai. Mon père travaillait à peine, nous nous disputions souvent. Trop vieux mainte-

nant pour gagner sa vie sur les quais. Seul, il arriverait à se débrouiller. Partir pour partir, je choisis Paris. Une voisine, dont la fille se trouvait là-bas, avait au bout de six mois reçu des mandats.

Suite banale. Sans spécialités, un mois ici et huit jours là. On pouffait devant mon diplôme de Philomathique. Reflux vers les banlieues. Anna entrevue et perdue. Devenue maîtresse de mon dénuement, je le trouvai plus supportable. Et tout à coup, un bel automne. J'ai du travail, une chambre claire à la température douce. Je quitte la cage de verre où s'entassent des étoffes imbibées de formol. Macération écœurante. L'air frais du soir, Louis est là. Lente promenade du pont de Saint-Denis au pont de Saint-Ouen. Vers l'eau calme se voûtent les arbres de la berge. Géante et fantastique, la cheminée Lesieur lance des appels de feux multicolores le long de sa rampe argentée. Dans le bruit fou des voitures, nos phrases n'ont pas de terminaison. Par les soirées tièdes nous glissons vers les arbres du bord de l'eau, chambres tressées de feuillages roux. Je n'en veux pas d'autres. Les lits me font encore peur. Au pont de Saint-Ouen, la Seine se dédouble. Remous et tourbillons d'eau, sensation de large et d'espace, telle notre joie du moment le fleuve est sans fond et sans fin jusqu'au pont d'Asnières où nous allons nous séparer.

« Tu l'as cherché, m'explique Louis. Ta prétention à te mêler d'affaires qui ne te regardent pas. Vingt et une femmes, depuis quinze ans elles travaillent comme ça. Pas de syndicat, jamais d'histoires. » Qu'est-ce que ça pouvait me faire, j'étais à l'abri, manipulant des papiers dans la cage de verre.

Je n'avais l'air de rien à les écouter se plaindre. « Ridicules, continue Louis, cette procession vers le bureau directorial et ton boniment. » Et quarante-huit heures plus tard, les femmes une à une appelées qui se dégonflaient, et moi la dernière qui maintenais ma revendication. Ça devait finir ainsi. Ils m'ont trouvé trois retards et me voilà dehors. Louis est obligé d'approuver, il aime l'ordre. Malgré deux beaux yeux clairs, sa vue est courte. Les femmes, je les comprends. Des années de formol, le respect ancestral des nantis, on ne s'en désintoxique pas comme ça. Quelqu'un viendra, plus habile et patient, qui trouvera les mots justes.

Le point zéro. Pour la troisième fois, repartir à zéro. Je ne demandais pas mieux que de repartir. Le signal se fit attendre. Je retrouvai Anna. Elle parlait peu mais chacun de ses mots me hissait hors de l'eau. Je partageai sa chambre. Dures semaines. La vie se rétrécissait, mes désirs diminuaient. L'existence devint pareille à la vitre sale qui brouille la vision du paysage extérieur. J'ai laissé ma vie devenir cette vitre sale. La misère étriquait mes gestes autant que mes désirs, je me suffis d'une lumière à portée de la main, d'un livre, de l'étagère au-dessus de ma tête, d'une plante aux tiges sinueuses dans le carré de ma vision. Comme une infirme dans une caisse, assise ou couchée, exécutant toujours les mêmes trois mouvements, bras levé vers les livres, bras tendu, bras baissé vers la lampe, regard circulaire soigneusement délimité. Pourtant j'avais vibré aux luttes des hommes. J'appelais le grand bouleversement mais à la façon de mon père, ça n'était plus pour moi, je me sentais exclue, il ne restait de ma personne qu'une tête avec ses yeux et un semblant de bouche, le reste de mon corps s'était évanoui.

Éloy, dont je fis la connaissance plus tard, secouait vertement notre passivité. Il aimait Anna qui le savait et ne l'aimait pas.

J'ai refait mon trou à Novaprix, au *Strasbourg*, à la Campa où les enfants me connaissaient. Vie chaste et dure où je me récupère lentement. Voici Villaderda tel que le découvrit Clémence à quelques détails près. Qu'il pût me voir, moi qui me croyais désormais invisible, caparaçonnée, à la fois transparente et opaque, j'en demeurai saisie. J'eus envie d'éclater, de donner raison à son œil clairvoyant. J'arrivai donc auprès de lui, trimbalant les valises de mes souvenirs. Encombrants bagages qu'il regardera d'un œil distrait puis remisera sous l'armoire. Défense de déballer ni le bois bleu du lit ni le drap mouillé de la défloraison. Il est le décor, la pièce et l'acteur, il entend tenir la scène à lui tout seul.

VILLADERDA

Hommes qui parmi les racines
comme des racines puissantes
allez de la vie à la mort
et d'un néant à un néant.
                              Miguel Hernandez

En huit jours il se transforma. Deux costumes neufs, sobres vêtements de fonction, deux chemises, des mouchoirs, des chaussures, une serviette noire. La chambre sentait le cuir frais. De son voyage il avait rapporté une liste de noms, des gens utiles à contacter. On venait d'installer le téléphone rue Saint-Honoré. Aux premiers appels, voulant s'appliquer, Clémence s'embrouillait dans des tournures maladroites. Villaderda faisait signe d'abréger. Avec beaucoup d'aisance il prenait la suite. Il usait de formules longuement étudiées dont il était fort content. Ses interlocuteurs ne débordaient pas d'enthousiasme, se dérobaient, parlaient de saturation. Là, il plaçait son « je n'en disconviendrai point », estimant que des expressions aussi bien frappées le valoriseraient. Quelques personnes le reçurent et l'écoutèrent. Inévitablement, à la fin des entretiens on le questionnait sur l'Espagne. Qu'en fallait-il penser? Le franquisme durerait-il? Et les exilés? Il plut par sa brusquerie calculée qui ressemblait à de la franchise.

Angoissé, tendu jusqu'au tremblement. Dans la tête un bruit de houle dès que l'autre commençait à parler. Il abrégeait lui-même les entretiens. « Passez un jour à mon bureau, terminait-il, c'est modeste, nous essayons de naître. » Là, muette, baissant les yeux vers les prospectus dont elle garnissait des enveloppes, Clémence écoutait, retenait, répétait. Ce jeu secret et compliqué ne la dérangeait pas. Sa gaieté choquait Villaderda. Deux angoisses, deux gravités, avait-il espéré. « Elle n'a pas tout à fait saisi. Je joue tout. J'ai mis vingt ans à le comprendre, je ne retournerai peut-être plus dans mon pays. Je n'ai plus l'âge de l'espérer. Tout me lâche, je joue tout... » Et Clémence s'amusait de ces acrobaties auxquelles il l'obligeait. Auparavant il ne possédait rien, n'attendait rien, continuait à clopiner. Mais la route miraculeusement s'était déblayée. Maintenant ce ne pourrait plus être comme avant, il jouait, il voulait gagner. Parce que l'inverse du chemin serait trop douloureux à parcourir. Il travaillait furieusement, tard le soir, tôt le matin. Clémence achetait n'importe quoi, du pain, des saucisses, ils déjeunaient sur la table du bureau, avalaient un café sur le bord d'un comptoir, dînaient de patates et de fromage blanc. Elle ne quittait pas cette expression satisfaite qui le dépitait. La désespérer. Qu'elle se rende compte enfin des abîmes qui les cernaient. Sa figure, douce et confiante quand elle affirmait : « Rien de mauvais n'arrivera. » « Deux choses que j'aimerai toujours plus que toi : ma santé,

ma liberté. » Elle avait dit d'accord. Trichant sans
doute. Elle avait dit... il n'en finissait pas de réviser
tout ce qu'elle avait dit. De toutes parts il devait se
garder. D'elle aussi, de sa tendresse simplificatrice.

Devant lui, un papier griffonné. Des gens à voir,
sans doute. Il avait maintenant accompli le travail
initial. Attendre, voilà ce qu'il restait à faire. Et se
faire connaître, partout, « s'introduire », lui avait-
on dit.

Un petit carré de papier sur le bois brun et nu.
Des gens. Des gens qui savaient ce qu'ils étaient, qui
avaient voulu l'être, qui méritaient de blanchir
avec les avantages de ce qu'ils étaient. Un petit
carré de papier. Blanc. La pièce devenait sombre.
Il dit assez bas : « Clémence, allume, je n'y vois
plus. » Elle ne bougea pas. Il répéta « Clémence... »
Elle regardait par la vitre. Inactive et songeuse,
visage flou et satisfait. Elle ne l'entendait pas, elle
se trouvait bien, c'était visible. Elle laissait courir
ses pensées au-dessus de lui, au-delà de ce bureau
morne où il restait emmuré. Ses cheveux — il l'avait
priée de les relever —, les boucles de ses cheveux
frôlaient le manteau pendu derrière sa chaise. Il
le lui avait acheté. Elle s'en serait venue avec la
même pelure à col ciré dont elle avait changé les
boutons noirs pour des ancres argentées. Lui avait
adopté les vêtements de la fonction, il passait inaperçu, un homme correct parmi d'autres. Ils étaient
entrés dans un Prisunic, elle avait regardé du côté
des couleurs pastel ou acides, mais il l'avait ramenée
vers les tons raisonnables. Le matin, décrochant
son manteau neuf, elle arborait ce même contente-
ment qu'en cette minute, tournée vers la vitre,

loin de lui, seul devant son papier marqué d'un nom qu'il n'arrivait plus à lire. Il venait d'encaisser un coup violent et les énigmes devenaient claires. Auparavant, il avait mal, mais il ne savait où. Mal dès la porte, apercevant la longue table et les dossiers minces, mal à chaque passage inutile du courrier, mal le soir rue Saint-Honoré, flaques et réverbères, silence et solitude à peine rompus par la rumeur venant de plus loin; passait un taxi, il lui faisait un signe, ça lui paraissait conforme à son titre de rentrer en voiture, et là encore, tandis que sa main effaçait la buée de la vitre, il avait mal tout à coup. Mal lorsqu'il pénétrait dans cette douceur inconcevable, Clémence là, devant lui, cheveux déroulés sur sa peau blanche, quelque chose cuisant par terre sur un réchaud, la vapeur s'étalant et nappant les murs d'angle et la lampe rouge. Dans le lavabo égouttait la chemise qu'il porterait le lendemain. Et la première perception brève avant son ensevelissement ouaté dans ces joies qui le happaient était ce mal sournois. Sur le lit — siège et table — ils mangeaient rapidement, secouaient les miettes et s'étendaient. Il avait la pudeur, la violence et la maladresse des hommes restés longtemps prudes. En Belgique, après la guerre, il avait découvert le plaisir, que les hommes de sa jeunesse rejetaient hautainement — ils avaient un verbe : raffiner, et dans leurs bouches la volupté prenait une teinte choquante, luxe des nantis, indigne des hommes à l'écoute des cris et des rumeurs venus de la frontière. Et derrière cette brusquerie comme un écran de soir en soir plus mince, chacun d'eux se déliait. Le matin il jugeait suspect ce bonheur de la veille : un accroc dans le tissu compliqué de sa vie.

Maintenant il savait. Il la regarda encore, elle n'avait pas bougé; il se leva, repoussa violemment sa chaise, elle réagit, s'empressa d'allumer, déjà il ouvrait la porte et sortait. Dans le café en bas, il prit plusieurs bières et l'appela au téléphone. De sa voix retenue elle dit :

— Qu'y a-t-il?

— Ferme le bureau et rentre, j'arriverai très tard.

Il revoyait son visage serein tourné vers la vitre. Évidemment elle était heureuse, sa vie avait changé. Le *Strasbourg*, les casiers, Marville, la Campa pour promenade... Aujourd'hui, elle prenait le temps de rêvasser, un manteau neuf sur les épaules. L'angoisse de Villaderda, pourquoi l'aurait-elle partagée? Si peu attentive à lui qu'elle ne la mesurait pas, qu'elle répliquait gaiement : « Rien n'arrivera. » Que s'effritât la construction mouvante où il l'avait hissée, elle retrouverait son équilibre, il y aurait toujours un Novaprix, une Anna pour l'accueillir.

Clémence vient vers lui qui l'écarte. Sur le lit elle a disposé les éléments du dîner, comme chaque soir. Villaderda repousse la couverture, la vaisselle de plastique jaune roule sous ses pieds. Si seulement elle criait, il en finirait tout de suite. Il quitte sa veste, ses chaussures. Il la hait pour tout. Que représente-t-il pour elle? Elle est chez elle, dans ses frontières, pas lui. Permis de séjour. Que sait-elle de cet arrachement sanglant entre une terre et soi-même, de l'espérance fêlée jour après jour? Elle le regarde gravement. Il a bu. Elle le juge, il ne lui permet pas de le juger. Ainsi pétrifiée, elle est l'image de tout ce qui l'étouffe, l'écrase : le regard des autres. Elle s'approche, il se détourne.

— Laisse-moi, ne me regarde pas, éteins.

Clémence insiste :

— Pourquoi? Qu'est-ce qu'il y a?

Il fuit le contact de ses mains; elle lui paraît plus fausse encore.

— Qu'est-ce que j'ai fait?

— Tu as donc conscience d'avoir fait quelque chose?

— Parle-moi!

Pas un mot, il n'ouvrira pas la bouche. La nuit s'avance. Il dort maintenant, écrasé, écartelé d'un bout à l'autre du lit. Sur la carpette gisent encore les plats du dîner. Clémence, assoupie la tête sur une chaise, n'a pas éteint la lumière.

Il se réveilla le premier, seul dans les draps. Il se souvint et regarda l'heure.

— Clémence, allons, secoue-toi, sept heures.

Il se mit à boire, goulûment, le contenu de la carafe.

— Mais je ne pourrai pas sortir comme ça...

Il vit ses yeux qu'elle lui cachait. Rouges, gonflés, dans le blême de son visage.

— A quoi ça t'avance de pleurer?... Bon, je m'habillerai. Si tu étais au Novaprix ou même ailleurs, dis-moi, est-ce que tu te permettrais de t'absenter? A midi, nous parlerons. Mets un peu d'eau froide sur ta figure avant de partir. Et si on téléphone...

Aujourd'hui, quelqu'un téléphonerait-il?

L'air frais sur le visage et le cœur, regards curieux qu'elle évite en marchant tête baissée. Ce matin est de velours gris. Sur le chemin de Marville où la même brume pâle se décomposait avec lenteur, Anna hissait les caisses. Dans le corridor, s'immobilisait-elle comme Clémence, prise de vertige, sentant son corps, ses paumes rugueuses? Le bureau froid, la table froide. Elle garda son manteau et posa sa tête sur le bois lisse. Dans la somnolence ses pensées s'ordonnaient. A midi parut Villaderda, le visage lourd. Pas de téléphone, pas de lettre, jouer au patron quand même, s'asseoir, dire à Clémence : passe-moi le dossier vert. Il ne voulait pas la regarder. Figée quand il avait poussé la porte, pitoyable, les yeux rougis, le nez enflé, la coiffure sans grâce comme un chapeau mis de travers. « Elle tremble pour sa place. c'est visible. »

— Clémence, nous allons parler.

Vraiment une figure de coupable.

Il allume une cigarette, souffle l'allumette, la dépose dans le cendrier plein — elle n'a pas non plus vidé le cendrier.

— Clémence...

Dans les tons graves, il élabore un exposé précis à l'ordonnance parfaite : le passé, son passé.

— Souvent je t'ai parlé — si du moins tu m'as accordé un peu d'attention —, je t'ai parlé de mon capital moral. C'est à dix-sept ans...

Il a toujours ressenti une satisfaction intense à débobiner sa vie à haute voix.

— Peux-tu comprendre ce que c'est? Ne rien faire. Il n'y avait rien à faire. Tu ne connais pas. Des ruelles, comme une casbah. Taper un peu la carte sur la table usée d'un café et rien d'autre.

Assise le dos rond, Clémence n'osait bouger. Il

ne la regardait toujours pas. C'était un exposé sans concision. Barcelone en décor, la ruelle où il avait grandi, les premiers chuchotements des enfants de la rue, les mots dangereux appris et murmurés et la montée soudaine d'un garçon audacieux dans l'ombre des grands noms, les prisons, la liberté, les tapis de fleurs dans la ville retrouvée, les jours brûlants, les soirées chaudes, Sabadell — ô Sabadell le triomphe —, le coup de poing au cœur, la plus belle histoire d'amour, une jeunesse en forme de fleur au calice empli de sang frais. Il s'émouvait lui-même lorsque vibrait entre ses doigts le fil lentement déroulé. « Je vais trouver, je vais comprendre », et Clémence parcourait à travers ces images les chemins de cette vie, rameaux penchés et entrelacés comme les lignes d'une paume.

Sa voix ne montait pas. Il graduait seulement les silences. De la guerre il ne dit presque rien, justifia seulement certaines de ses positions. Sous les pas pressés des employés, l'escalier craquait. Il parlait depuis deux heures. Il dit aussi la lente mort des espérances, l'amertume des réveils dans des villes à jamais d'exil.

— Si tu devenais pour moi une entrave, un poids, un empêchement à réussir ce que j'ai entrepris avec si peu de chances, je devrais t'écarter. Remercie-moi de ma franchise. Je suis un peu moins hypocrite que les autres, voilà tout. Plutôt t'éliminer que de souffrir à travers toi. Je suis cousu de souffrances! Il suffit. En ce moment, Clémence, je souffre encore et ça m'impatiente, ça m'empêche de concentrer mon énergie sur ceci — il tapait sur les dossiers. — Je t'ai surprise dans ta vérité. Loin de moi, d'ici, absente. Et j'étais là, tout proche. C'est ma faute, c'est mon erreur. J'ai mêlé deux situations bien distinctes. Que tu sois avec moi pour ça — le bureau, la rue Saint-Honoré —, je l'admettrais. Tu es jeune, tu as un peu saigné, tu as envie de t'en sortir, une branche passe, tu t'y accroches, soit. Mais alors te voici face au choix. Ou bien tu resteras ici et nous nous entendrons bien. Nous ne parlerons plus jamais... d'autre chose. Tu seras, je le crois, une bonne employée, je te verserai le meilleur salaire possible, tu auras ma confiance et le soir nous nous serrerons les doigts, « à demain » et c'est tout. Ou bien, si tu m'aimes — si tu crois m'aimer —, alors une autre viendra ici, tu travailleras mais autre part, je serai enfin rassuré, soulagé, et de notre vie ensemble nous tâcherons de faire quelque chose de bon.

Il se leva. Clémence pleurait. Prise au piège, pensa-t-il.

— N'aie pas honte, ces choses, je les comprends mieux que personne. Qui pourrait t'en vouloir? Pourriture partout! L'argent, gagner de l'argent. On est vraiment traqué. Un peu de courage! Dis-le, tu veux rester ici, n'est-ce pas?

Il saisit le menton de Clémence, essayant de soulever sa figure. Son menton mouillé. « Je te laisse le temps, tu me répondras ce soir. Essuie tes yeux et descends un quart d'heure, je sortirai ensuite. »

Quand elle ouvrit la porte, son manteau sur le bras, il ne broncha pas.

— A tout à l'heure!
— A tout à l'heure.
— Je crois...

La porte grinçait, couvrant sa voix.

— Je crois que tu peux chercher une autre employée.

Villaderda ne dit rien. Il avait seulement moins mal, mais en homme forgé à douter de tous, il ne se sépara pas tout à fait de sa douleur

Clémence traversa en direction des Tuileries. Elle entrerait un peu plus tard dans un café, ses yeux auraient ainsi le temps de sécher. Des voitures passaient si rapides, si serrées les unes contre les autres, que ce mouvement énorme à sens unique donnait envie de s'échapper aussi au même rythme dans la même direction. Elle quitterait donc la rue Saint-Honoré. Chacune des paroles de Villaderda pesait lourde et grave sur elle. Ce récit, son long exorde de souvenirs, ce long commencement qui l'avait à jamais pétri, préparé aux soupçons d'aujourd'hui, un commencement fait d'odeurs croupies de ruelles, de femmes lourdes et lasses, d'hommes le dos au mur. Taper la carte... Les cafés, l'attente. Le soleil fou jusqu'à six heures. L'ombre fraîche d'un café morne. Les rassemblements de l'aube, vieux rabougris au torse voûté, enfants aux yeux durs debout devant les guichets du port, mendiant un jour de travail.

A partir de quoi avait-il douté d'elle? Rechercher tous les mouvements de la veille. Les paroles dites. L'absence de paroles. En même temps s'avançaient dans une spirale brumeuse les jours à venir. Exaltante vision. Dans les remous des eaux épaisses où Clémence avait fermenté, quand cédaient les murs elle courait aux brèches. Villaderda venait de lézarder ces pierres dures qui les encerclaient tous deux. Elle l'aurait supporté malade, infirme. Lui, sa lésion venait d'en dessous la chair et les nerfs. « N'importe qui l'abandonnerait. Moi pas. » Forcé un jour de croire en Clémence.

Elle courut pour regagner le bureau.

— Eh, grogna-t-il, tu es encore mon employée! Je t'avais dit un quart d'heure.

Il souriait. L'ivresse de la veille laissait de pathétiques boursouflures sous ses yeux.

— Quelqu'un va m'appeler... J'avais un rendez-vous important, je n'ai pu attendre, ou quelque chose comme ça. Ce sera oui demain, l'heure importe peu. Je vais manger quelque chose.

Un mouvement vers Clémence. Réprimé. C'est trop tôt, il doit rester vigilant.

— Alors c'est ici que tu as choisi de vivre!

Au seuil de la chambre, narquois, heureux, laissant la porte ouverte sur l'escalier de pierre où sa voix résonnait.

— Qu'est-ce que tu faisais?

Elle montra ses doigts collants et les pommes de terre dans le saladier.

— Laisse, rhabille-toi. Ce soir, nous mangeons dehors.

Ils marchèrent longtemps, toutes les rues se ressemblaient avec leurs restaurants vides. Il voulait de la lumière et du monde. Tant pis si c'était cher. Ils entrèrent dans une **brasserie** des boulevards. Ils avaient très faim. Villaderda commanda du vin, s'assombrit quand Clémence retira son verre.

— De quoi as-tu peur, de perdre ta lucidité? de te laisser aller?

Posant sa fourchette, il touchait les doigts de Clémence.

— Je suis heureux. Comme je suis heureux! Tu me déséquilibres, Clémence.

Ils repartirent à pied, s'arrêtèrent deux fois, Villaderda voulait boire, ils s'accoudaient au comptoir. Sa voix devenait nasillarde. Il n'avait pas sommeil. Ils parlèrent doucement et longtemps. Il avait repris son récit du matin, les yeux au plafond, emplissant la chambre de l'odeur forte de ses cigarettes maïs.

— Et si j'échoue?

Il soulevait les cheveux de Clémence.

— Si demain, le bureau fermé, on me remercie?

— Dans tes prévisions, serai-je morte aussi? Alors, pourquoi t'inquiéter?

Il s'en voulait de cette insistance à savoir. Clémence endormie, il se leva pour boire à la carafe tiède. Trois heures bientôt. La lumière dans l'angle du lit faisait un foyer de braises douces. Il trouvait belles les lignes longues de Clémence endormie. Elle manquait de réalisme : à sa place, il aurait gardé cet emploi. Elle pouvait encore se le permettre. Lui pas. Possible qu'elle l'aimât. Qu'en retirerait-il, d'être aimé? Était-ce véritablement ce qu'il souhaitait? Il n'en était plus aussi sûr.

Sept jours d'allégresse. Villaderda rentrait tôt. Deux fois ils dînèrent dehors; les autres soirs, leur nourriture avalée, ils éclataient l'un face à l'autre dans la lumière fluide de la veilleuse. La nuit rognait sur le jour, ils arrivaient tard rue Saint-Honoré, Villaderda lisait attentivement les journaux et les commentait pour Clémence. Il avait décidé : « Nous sommes le treize, tu finiras le mois ici et tu commenceras d'éplucher les petites annonces. »

Une ou deux fois par jour le téléphone sonnait. Quelques visiteurs s'annonçaient. Villaderda palpitant aiguisait sa mémoire, fouillait ses papiers, préparait l'entretien : « Ça bouge, Clémence! Tu me portes chance. »

Et le septième jour, on grattait à la porte. Villaderda levait la tête. Clémence ouvrait. Cuir mouillé, cheveux gouttants, Éloy entrait. Clémence les paumes moites, Villaderda la voix changée, Éloy soudain grand, soudain large, multiple et démesuré, trempé par la pluie de la Campa, la boue de Marville, mains tendues aux cals visibles, un univers entier laissé derrière la porte se rappelle à tous deux.

Éloy sourit, il est content, il embrasse Villaderda qui reproche :

— Pourquoi ne m'as-tu pas prévenu? Là, j'attends quelqu'un dans une demi-heure. Qu'est-ce qu'il y a? Tu passais ou tu veux me voir?

Éloy dit gravement :

— Je veux te voir.

— Descendons. Viens boire quelque chose.

Peu après, ils remontèrent. Pris au piège de son prétexte, Villaderda libéra Clémence. Elle passait la porte quand il la rappela.

— Clémence, finis-en vite avec lui, achète de quoi déjeuner, je t'attends ici.

— Je ne te paierai pas à manger dans ce quartier, dit Éloy. Ça doit coûter cher.

— Il y a des cafés aussi tristes que dans la rue de Strasbourg. Éloy, raconte-moi, que deviens-tu? Pilar? Anna?

Il avait moins d'entrain, il dit « ça va », demanda si elle était satisfaite, si l'autre ne se montrait pas trop dur, insupportable.

— Quand il est arrivé au journal, les types le respectaient, lui se méfiait de tous; à la fin les autres aussi, ça les avait gagnés. Quand il est parti... Ouf!

— Je vais bientôt quitter mon emploi, à la fin du mois sans doute.

— Il veut te renvoyer? Mais je vais lui parler! Si c'est moi qui le demande, il te gardera. Je peux l'attendre ce soir...

— Non, surtout pas. Éloy, ne dis rien, c'est moi qui veux partir.

— Tu en as marre? Je m'en doutais.

— Je ne suis pas qualifiée pour ce travail, je le sens.

— Pas qualifiée... ça m'étonnerait. Mais si c'est toi qui veux partir... Tu habites par ici?

— Non, dans un hôtel, mais on n'a pas le droit d'y recevoir ses amis. Je vais chercher un autre travail.

— Tu sais, Pilar, maintenant, elle tape sur la machine à compter, elle commence à rendre la monnaie. Olga l'a à la bonne.

— Et Anna?

— Ça va, dit Éloy gêné. Dimanche tu viendras? Si tu voyais... Trois semaines de pluie. Noyé. Tout noyé. Ils se sont entassés dans les baraques les plus solides, ça pourrit de partout. Tu te souviens le feu? C'est pire. Dimanche on va les aider un peu. Les pieds dans la vase, c'est plus possible. Villaderda ne viendra pas. Pas libre. Mais il a donné un peu d'argent. Il y aura mon père, quelques copains, pas beaucoup. Je fais le tour des usines, des chantiers.

— Je viendrai. Je passerai chez toi d'abord.

Éloy remarqua l'inquiétude et la hâte de Clémence.

— Un rendez-vous? — Il pouffa en lui touchant le bras. — Sûrement un type de par ici.

Il voulait dire : pas un type comme moi, de ces lointaines terres banlieusardes.

La visite d'Éloy les secoua tous deux. Clémence, qui devinait au tremblement de ses doigts, aux cigarettes mal rallumées abandonnées dans le cendrier plein, la nervosité de Villaderda, crut bon de n'en pas parler, noyant l'apparition inattendue sous le jet d'une conversation sautillante et de sa volubilité soudaine. Villaderda restait sec, il attendait qu'elle lui rapporte leurs propos.

Ils étaient convenus de rentrer séparément chaque soir. Villaderda restait à travailler deux heures encore, tandis qu'elle s'occupait dans la chambre. Après le départ de Clémence, il descendit au café. Dans le sable. Il nageait à travers des dunes. Vagues lourdes à soulever pour ses jambes flasques. Du sable plein la bouche. Battant des bras la poussière dorée qui l'asphyxiait déjà. Dos rond, main brûlante sur le verre frais débordant de mousse, pensées galopantes, échevelées, cruelles. Lucidité d'un instant. Noyade.

— Mange sans moi, je n'ai pas faim, j'ai seulement sommeil.

Les yeux clos, il fumait. Au coin du lit, Clémence avalait son dîner, cherchant s'il fallait ou non parler d'Éloy.

— Dimanche matin j'irai là-bas.

— Là-bas? Où?

— Éloy m'a demandé...

Elle avait décidé, sans le consulter. Seule. Ils avaient tout de même parlé une demi-heure ensemble. De quoi? Elle n'en disait rien. Que savait Éloy? Trop fatigant. Des brasses dans le sable. Clémence maintenant s'allongeait près de lui. La panacée. Il n'en voulait pas. Inefficace en cet instant. Son bras nu et chaud glissait sous la tête de Villaderda. Elle ne sentait rien, ne devinait rien. Il avait besoin de paroles, non de gestes. Et pas de n'importe quelles paroles. Elle parlait, justement. Du sable coulait de sa bouche dans la bouche de Villaderda. Elle n'acceptait pas qu'il la repousse. Il lui dit : « Je te pose une question. » Voilà, il voulait savoir. Quels mots employaient donc les femmes qui jouaient la comédie de l'amour?

— Je ne sais pas. Je ne peux même pas supposer.
— Tu ne sais pas? Eh bien, dors.

Comment l'atteindre quand il se verrouillait dans les murs de ses souvenirs? L'image de lui-même, par ses ressassements déformée, s'étirait du sol au ciel. Saisi devant sa propre apparition, jusqu'à s'identifier à sa terre et à sa cause. Toute offense, toute désinvolture envers lui-même souffletait son Espagne. Clémence impuissante, un moment fascinée par ce mystère qui la dépassait, cherchait à le rejoindre, refusait l'exil, dédaignant tout orgueil pour obtenir de lui un point quelconque de son être où se poser.

Ce dimanche-là, Clémence se leva tôt, légère et pressée. Réveillé par le bruit de la cafetière, Villaderda l'observait sans bouger. A la maladresse de ses gestes, il percevait sa fébrilité joyeuse. Trois fois le peigne tomba de ses mains. Elle allait sortir, il referma les yeux, elle embrassa le bout de ses doigts crispés sur la couverture, il choisit de ne pas bouger.

Un jour clair commence. L'autobus presque vide de rares passagers, les yeux encore bouffis. L'autobus des allégresses. Il avait emporté Clémence vers Paris et Villaderda, il la ramenait aujourd'hui soulevée par la même joie brutale d'exister hors d'elle-même. Autour d'elle et en elle des diagonales de soleil s'allument et s'éteignent au cheminement des nuages.

« Il est déjà parti », lui dit-on d'Éloy. Pilar dormait encore.

« ... parti aux douches. »

Lorsqu'elle habitait au *Strasbourg*, Clémence y allait parfois. A la caisse, une grosse femme surveillait les clients. Dès la porte le chlore suffoquait. Plusieurs hommes attendaient debout dans l'entrée, leur ticket à la main, et lorsqu'elle appelait un numéro, la voix de la patronne résonnait comme en un souterrain. Quand s'ouvraient les cabines, un halo de vapeur s'enroulait autour des silhouettes. Au chlore se mêlaient alors les divers parfums des savonnettes ou flacons achetés à la caisse. La grosse femme tapait impatiemment à quelques-unes des portes. Chacun devait minuter sa toilette.

Clémence aperçut Anna. Mal séchée, prestement rhabillée, les bas plissant sur ses jambes humides, la raie de ses cheveux mal tracée devant une glace ternie par la vapeur et frottée d'une main tandis que l'autre tient le peigne. Évanescente dans la buée du corridor, trouble et floue, rouge et tiède. Clémence l'évita. Éloy sortit peu après.

— Nous serons onze, dit-il fièrement.

— Tu t'es douché avant de travailler dans la boue?

— J'ai enlevé le plus gros. C'est fermé jusqu'à jeudi, tu as oublié déjà? Il y a la douche dans ta nouvelle chambre?

— Penses-tu!

Ils étaient six au rendez-vous. A l'écart de leur groupe, deux jeunes filles discutaient gravement. « C'est tout? » demanda Éloy. Il proposa d'attendre les retardataires. Quelqu'un dit que ça n'était pas la peine, il n'y avait pas de retardataires, mais il s'obstina et ils continuèrent de parler, immobiles, à l'écart des flaques. C'était vrai, personne ne viendrait plus. Éloy lança quelques injures obscènes, tous rirent très fort, son prestige était sauf, ils s'engagèrent dans le chemin boueux. On les attendait. Devant la baraque, un des hommes qui vivaient là servit du vin rouge. Ils burent debout, pieds écartés sur la terre visqueuse. Les jeunes filles, qui n'aimaient pas le vin, pénétrèrent à l'intérieur pour déposer les vêtements d'enfants qu'elles avaient collectés. La propreté les étonna. Des lattes de bois avaient été disposées sur le sol mou. Autour du poêle rond et bas, la terre demeurait sèche.

Dehors les enfants regardaient les volontaires qui leur préparaient une niche nouvelle : un camion vendu à échéances par un des habitants qui, blessé, avait dû être amputé — et les tractations s'étaient faites autour de son lit d'hôpital, ç'avait été long, laborieux.

Trois des hommes s'étaient attelés au camion

pour le faire glisser jusqu'à la baraque où ils projetaient de l'adosser. Pour le dégager il fallut presque une heure, l'absence de roues compliquait le travail.

Éloy réclamait beaucoup d'autres caisses. Clémence et l'une des jeunes filles partirent vers la Mutuelle. On en trouverait dans la cour, derrière Novaprix. Sans un regard pour les murs moites, Clémence traversa le corridor silencieux. Le lit bleu de l'enfance, le paravent de la jeunesse, le corridor de Novaprix : lieux fortifiés, retranchements protecteurs. Dans la foule, la nuit, suivant le trottoir exigu jusqu'au Palais-Royal, elle retrouvait parfois ce réconfort d'un imaginaire abri. Au bureau, dans la chambre, nul refuge ne s'offrait, il fallait montrer à Villaderda ses yeux et l'envers de ses yeux, mettre à nu jusqu'aux fils fragiles qui couraient, montaient et descendaient de ses yeux à sa bouche. Bref adieu au couloir. Pas d'adieu du tout. Avait-il jamais existé?

Le camion, dit un homme, n'était pas bien orienté. Comment scierait-on maintenant une ouverture vers l'extérieur?

— Pas d'ouverture, trancha Éloy. Il fallait choisir. La pluie n'entrerait plus. La clarté, le soleil, ils iraient les chercher dehors.

L'homme qui avait parlé rapportait quelques tôles ondulées. Les autres n'étaient pas d'accord sur la manière de les disposer. Ils discutèrent vivement. Un type qui habitait un peu plus loin s'approcha pour donner son avis.

— Faites-moi confiance, je travaille dans le bâtiment. Depuis sept mois. Les cités là-bas, je les ai construites. — Son doigt montrait de blanches colonnes près du Fort de l'Est. Tous se tournèrent et regardèrent en silence.

— Moi aussi, dit un garçon jeune, je travaille au bâtiment. A Puteaux.

Chaque jour ils construisaient des habitations, leurs yeux voyaient, leurs mains touchaient des briques, des panneaux. D'autres hommes, un jour coucheraient dans ces chambres, par ces fenêtres des enfants se pencheraient pour guetter l'arrivée de leur père.

A quatre heures tout fut en place, les jeunes filles et Clémence avaient aidé la femme à déménager la literie. Les deux enfants s'amusaient beaucoup. Tous s'assirent sur les paillasses pour manger enfin. Le voisin aux judicieux conseils partageait ce repas. Il raconta des histoires de chantiers, ç'avait été une mauvaise saison, la pluie, la pluie, la pluie. Trois mois de retard dans la livraison des logements. Il s'interrompit pour se moucher dans une feuille de papier de soie qu'il tira de sa poche.

— Tu te fournis toujours dans les cabinets des cafés? questionna Éloy.

Il rit et revint à ses chantiers. Il aimait parler de son travail. L'entrée d'un homme l'arrêta. Sa main gauche était bandée, « accident », expliqua-t-il. Depuis quinze jours, ça le gênait pour travailler.

— Tu ne t'es pas arrêté? demanda Éloy.

Non, il ne pouvait pas. Le patron de la chaudronnerie ne l'avait pas déclaré. (Instables, mouvants, à quoi bon les déclarer? on n'était pas sûrs de les conserver.) Éloy traduisit pour les jeunes filles.

— Je vais m'en occuper, promit l'une d'elles.

— Alors il perdra son emploi.

— Il faut vous syndiquer, dit Éloy. Moi...

— Toi, tu n'as plus personne là-bas. Tu sais bien qu'il y a des mouchards.

— Encore une année, un peu de chance, pas de pluie, et je repars chez moi. Je serai boucher, dit le garçon de Puteaux.

— Et tu feras crever ton commis !

Éloy se levait, il n'avait plus faim.

— Vos pères ont enduré de terribles souffrances, vos mères vous ont donné la vie la bouche sèche de soif et les yeux vidés de larmes, aujourd'hui la patrie...

— Ma patrie c'est là où je mange !

Une lassitude visible succédait à la belle chaleur du début. Un bruit de pas, quelqu'un venait. Éloy se retourna, il reconnut Villaderda. Clémence rougit. Il lui fit un vague signe et salua les autres de la main. Éloy avait saisi son bras. Il tenait l'argument que sa bouche n'avait pas su trouver :

— Cet homme que voilà ! vous savez qui ? Cet homme, Villaderda, un héros de la Catalogne, le premier...

— Tais-toi, allons !

Et Villaderda le poussa vers son siège. Lui le savait, les hommes ici présents ne le connaissaient pas. Il accepta un verre de vin et le but à leur santé. Il les regardait avidement. Certains avaient quitté l'Espagne depuis moins d'une année. Les fleurs rougissaient-elles encore les balcons aux arabesques rouillées ? Et les stores ? Baissés sur les hautes fenêtres, frémissant au vent de cinq heures. « Ta terre est la formule archicomplète de ton être. » Éloy ne renonçait pas. Il se tourna vers Villaderda, attendant de lui, le héros de Sabadell, qu'il convainquît ses camarades. Villaderda n'ouvrait pas la bouche, fumait en dégustant son verre et regardait par instants les deux jeunes filles qui le détaillaient aussi.

— Maintenant je vais partir, dit Clémence.

Et elle se leva. Elle ne savait où aller. Quand elle serra la main de Villaderda, celle-ci resta molle. Éloy, meurtri, l'embrassa distraitement. La vie du campement replié sur lui-même restait singulièrement morne. Des enfants s'embarquaient au bord des flaques sur des rafiots de papier et les Arabes, dans leur périmètre, regardaient de loin les jeunes manouches et leurs robes bruissantes.

Clémence gagna le *Strasbourg*. Anna était sortie mais le patron lui donna la clé. Rien de changé. Le même ordre morose, la même odeur d'oranges, devant la fenêtre, les quatre pots de verdure florissante. Elle en prit deux. Ils étaient siens. Elle les avait apportés un dimanche, ils plaisaient à Anna, maintenant elle décidait de les reprendre. Les pots sur le bras gauche, elle avançait dans la rue vide, point de mire des visages figés aux fenêtres. Rue sans fin, l'après-midi se traîne, les hommes aussi, cravatés et rasés, espérant la fête qui ne vient jamais. Le retour commence des voitures vers les cités. Elles ont des fleurs à la fenêtre arrière. Des fleurs de printemps qui vont tremper dans l'eau fraîche d'un vase.

Devant la mairie, l'autobus s'arrêtait. Villaderda en descendit, suivi d'Éloy et d'une des jeunes filles. Ils discutaient avec animation, et ne virent pas Clémence. Elle courut pour les rejoindre. Quand ils se retournèrent, elle dit embarrassée :

— Éloy, j'avais une commission pour Pilar.

Entre eux il n'y avait jamais eu que de joviales moqueries et Clémence le regarda tout à coup comme un ami unique. En même temps elle entrevit cette étendue de solitude que Villaderda ne comblerait jamais. Éloy lui devint précieux.

— Où te voir, Éloy? c'est important.
— Pour Pilar?
— Pour Villaderda.
— Ça va, dit-il. Demain soir.
Elle les salua tous trois.

Villaderda revint fatigué. De toute la soirée il ne dit rien, faisant « chut », le doigt sur les lèvres lorsque Clémence ouvrait la bouche. Il a bu, pensa-t-elle.

Il se coucha, la prit contre lui sans parler davantage. Au plafond s'étalait l'ombre de Clémence. Il la regardait, fasciné par ce long bras noir qui s'arrondissait d'un bout à l'autre de la chambre.

— Étrangle-moi de tes cheveux, dit-il, que je ne me réveille pas demain matin.

Puis il s'endormit.

— Éloy m'emmerde, je ne peux plus le supporter. Hier, après ton départ... A propos, Clémence, pourquoi es-tu revenue vers nous? Éloy, surtout lui, ne doit se douter de rien. Hier donc, nous avons frisé l'incident en présence de son père.

— Et la jeune fille? Qui était-elle?
— Un groupement chrétien, je crois. Éloy recrute où il peut. Qui se dérangerait un dimanche? Vous étiez tous si contents de vous-mêmes, dérisoires!
— Pourquoi dérisoires? Nous aurions dû les laisser se débrouiller? Vivre un beau dimanche comme si nous ne savions pas?
— Tais-toi, je n'ai pas de réponse. Ce matin nous n'irons pas au bureau. Pour y faire quoi?

J'ai bu hier, je suis fatigué. Et puis... c'est moi le directeur!

Clémence réchauffa le café qui restait. Ils s'installèrent face à face. La veille, légère et pressée, elle franchissait la porte. La porte grinçante, son pas sur la pierre, la chute des clés dans sa poche, écorchements successifs qui le laissaient dépouillé, solitaire.

Mais il était impatient de parler d'Éloy. Celui-ci l'avait agressé devant son père. Villaderda aimait le vieux, rencontré à chaque étape de sa route en lacets, au cœur des grèves, devant les brasiers des églises où les fascistes recelaient leurs armes, milicien de la liberté au départ pour le front d'Aragon, sur la terre sèche des chemins de l'exode où le gel de février portait aux vaincus le coup de grâce.

Le vieux, s'il ne débordait pas d'affection pour lui, l'estimait. Sans cette estime, justification de lui-même, Villaderda n'aurait pu respirer. L'espoir, ce bel arbre vert à la sève couleur de sang, s'était cassé en bris secs. « Ils nous ont tous abandonnés. Nous sommes seuls, seuls, seuls! » disait le vieux. Villaderda le savait. Les unes après les autres, les démocraties victorieuses avaient passé l'éponge et bouché leurs oreilles. Sur la terre des larmes, elles s'étaient arrangées, côté soleil, un jardin de délassement, une cour de jeux où ces humanitaires misaient leurs billes d'argent. Rien mieux que l'oppression ne protégeait les valeurs investies. La souffrance, chaque jour distillée par l'évidente trahison, avait creusé en Villaderda des sillons qu'aucune amitié, aucune chaleur n'étaient venues combler. De sa méfiance il tirait ses joies. Elle lui donnait un sentiment de supériorité. Il passait sa vie à débusquer les pièges qu'on aurait pu lui tendre.

— Nos enfants ne nous valent pas, se plaignait souvent le père d'Éloy. Qui prendra la relève?

— Elle est déjà prise. Patience. A nous de tirer les enseignements de nos erreurs passées.

Irrité par le mutisme de Villaderda, Éloy l'avait donc apostrophé devant son père. Pour la relève, ça devenait urgent, les vieux avaient vieilli. Fatigués ou achetés...

« Tu jouais aux billes que je me battais déjà », coupait Villaderda. Le vieux ferait taire son fils, avait-il espéré. Même pas, il était retourné vers son bricolage et les avait laissés ensemble.

« Parle! » et Villaderda s'était assis. Ses yeux durs dans les yeux d'Éloy, il attendait, fou de rage d'être venu donner dans ce piège. Finalement, Éloy n'avait pas dit grand-chose : pourquoi ce silence tout à l'heure? Les types auraient eu besoin qu'on leur explique, qu'on les stimule.

— Cet Éloy, expliquait Villaderda, il a tété son père. Les types qui arrivent ici... nous sommes pour eux des étrangers. Ils nous déçoivent comme si nous avions oublié. Éloy est dangereux.

— Et généreux.

— Et généreux et courageux. Et dangereux. Clémence, pourquoi m'aimes-tu? Un homme jeune, différent, tu vivrais en paix, tu te marierais. Pourquoi m'aimes-tu? Vas-tu trouver une raison? Y en a-t-il une?

Le ton badin, l'œil narquois. Tendu pourtant, aux aguets des mots qu'elle allait dire, grattant le sucre au fond de sa tasse vide.

— Parce que tu as été un enfant des ruelles, un

petit garçon qui a respiré les mêmes odeurs que moi, parce que nous avons eu froid aux pieds dans les mêmes lits.

— Quel argument!...

Il ironisait mais il se sentait violemment ému. Il la croyait. Jamais autant elle ne l'avait délié, il éclatait de toutes parts, s'allégeait, s'évadait de lui-même.

Ils partirent ensemble au restaurant le plus proche du bureau. Villaderda abolissait à plaisir la distance prudemment établie entre eux. Ils ne parlèrent plus d'Éloy. Le déjeuner fut joyeux, ils choisirent des plats inconnus. Villaderda ne put s'empêcher d'user abondamment de sa formule favorite (syllabes détachées) : « J'ai-appris-à-me-méfier », qu'il appliquait à tout et à tous. Clémence parla de son père.

— Nous irons le voir.
— Oui?
— Bientôt. Je veux tout saisir de ta vie comme je te fais tout saisir de la mienne.

Clémence n'avait aucun doute à ce sujet, une envie la prit de le plaisanter là-dessus, mais il enchaînait, débordant de verbes et d'adjectifs, parlant de lui-même sans retenue.

— Il ne faut pas trop fréquenter Éloy, dit-il tout à coup.

Moment de grâce, pur et précieux. Si souvent ils se cherchaient sans s'atteindre. Lâchement elle acquiesça. Le rendez-vous avec Éloy était prévu pour le soir même. Ne pas s'y rendre? Le lendemain, elle en était sûre, Éloy viendrait au bureau.

Un souvenir — pourquoi celui-là ? — revenait
à ce moment précis où Villaderda insistait : « Réponds,
réponds. » Novaprix et la file des femmes devant la
caisse. Olga un bras en l'air, dans sa main un paquet
de lessive qu'elle agitait. « TOUT BLANC, Clémence ?
Combien ? Hep ! Clémence ! » Voix perçante et
virile. Et Clémence à la cantonade et de toutes ses
forces : « Deux quatre-vingt-quinze ! » Olga bais-
sait le bras, la machine cliquetait. Vingt syllabes,
trois secondes d'une espèce de joie dense, inexpli-
cable.

Et ce matin cherchant à rassembler ses idées
face à Villaderda blême et furieux, l'écho lui revenait
de la voix d'Olga dont le bras se levait... « Hep !
Clémence ! »...

« Et moi, stupidement confiant, je prends un taxi
— première dépense —, je monte cinq étages. Pour
te voir une minute, vaguement peiné de te laisser
ici, de dîner dehors sans toi ; je frappe, j'entre, tu
n'es pas là, j'attends, je descends, je téléphone, je
m'excuse, j'annonce un retard au risque de me
déconsidérer auprès de gens qui ne me connaissent
pas encore. Je remonte. Personne. A huit heures je
pars, en taxi — deuxième dépense. Ce dîner n'en
finissait pas. Je rentre impatient ; j'attends que tu
parles. Rien. Tu m'entoures de tes bras. Pas un mot.
Je te raconte mon dîner. A la fin je n'y tiens plus, je
te questionne : « Rien de particulier ce soir, tu ne
t'es pas ennuyée ? » Et tu secoues la tête. Outré,
j'explose et dénoue tes bras et te repousse. Alors,
découverte, tu t'effondres et commences à mentir
et cries et me supplies et cherches ma bouche sans
comprendre qu'à l'instant je te hais, que tout m'appa-

raît faux, tes baisers, tes paroles, celles d'hier, les premières, tes lettres. »

« TOUT BLANC... ? Deux quatre-vingt-quinze! » L'étrange silence de la file de femmes. Aujourd'hui elle le perçoit. Elles bavardaient peu au Novaprix. Elles se hâtaient. « Garnissez, les filles, garnissez », criait Olga. Ou alors : « Anna, c'est Daumesnil! » et Anna sortait en courant, le camion s'arrêtait et déchargeait. Deux ans pour se fabriquer un monde aux bruits familiers, sans pièges et sans surprise.

D'abord, il ne crut pas à l'histoire qu'elle improvisa puis, lassé, décida d'y croire. Ces détours le fatiguaient, le détachaient d'elle à la mesure de ses élans passés.

Il téléphonait. Il appelait des noms nouveaux, disait « oui, bien entendu, mais toutes mes soirées sont prises jusqu'à mardi prochain ».

Clémence s'absorbait dans ses enveloppes.

Pour personne seule, un puzzle d'espagnol.

Pour deux, un damier et des pions.

Pour trois et plus, des cartes avec lesquelles on constituait des phrases.

Troisième invitation. Maintenant Villaderda se sentait pris au sérieux. Clémence pâlissait à ses yeux. Il ne lui parlait qu'au bureau, s'arrangeait pour rentrer tard, s'allongeait, fumait, gardait le silence. Il avait un geste particulièrement terrible qui la foudroyait dans ses tentatives d'approche. Un geste qui la métamorphosait en être falot, en objet flottant.

— Ton insistance m'obligerait à partir. N'importe où, à l'hôtel ou chez des amis.

Des amis... Lui en resterait-il un?

— Tu es chez toi, disait-elle. Si quelqu'un doit partir, ce sera moi.

Il l'aurait pensé! Dans dix jours elle quitterait le bureau et perdrait toute raison de rester auprès de lui.

Pendant ces longues heures, corps inutile et triste. Quiétude nocturne striée de soupirs et de papier froissé. Elle n'osait pas lire, il aurait vu là quelque façon désinvolte de le nier, l'abolir, et s'absorbait dans l'inaction. Le goutte-à-goutte du temps ravivait les vieilles images. A grandes enjambées, son esprit allait et venait du passé à l'heure présente. Il s'endormait enfin, le journal sur le nez, le mégot pendant au bout de ses doigts mols. Elle entrouvrait la fenêtre, chassait l'odeur forte des cigarettes jaunes. Quelque part sur un appui de pierre les gouttes de pluie s'écrasaient en un bruit rassurant.

Éloy téléphona : « Nous préparons un bulletin sur l'accueil en France. Ça fera du bruit! » Il ne demandait pas d'argent. Même pas. Il offrait à Villaderda une page entière. Celui-ci écrirait ce qu'il voudrait.

Cinq rendez-vous, trois dîners, deux entretiens avec les bailleurs de fonds. Case par case, sa vie se remplissait. La page pour Éloy, il la composerait le dimanche suivant, il reviendrait au bureau, rechercherait d'anciens articles. La sieste auprès de Clémence appartenait déjà au passé.

Il lui demanda le point des envois publicitaires. Elle lui tendit un cahier.

— Et ça? Qu'est-ce que c'est?

Il tenait une page arrachée couverte de l'écriture de Clémence, désordonnée et raturée :

> *Je vous envie mes camarades*
> *Qui n'avez pas eu d'insomnies*
> *Dans les hôtels de Malaga.*
> *Le feu craché du Canarias*
> *S'est délavé au bleu de mer...*

Suivaient trente lignes en forme de poème.

— Qu'est-ce que c'est? C'est à qui? à toi?

— Oui. Tu n'étais pas là, j'avais terminé les enveloppes.

— Je sais. Le travail ici n'est pas accablant. Et pour qui as-tu écrit cela?

Elle hésita.

— Pour moi.

Elle avait pensé le donner à Éloy. L'autre soir il avait incidemment parlé d'un bulletin spécial — dans les deux langues. On le vendrait d'abord, on distribuerait le restant.

— Pour toi? Il va mourir là tout seul, tu le reliras dans dix ans et sans doute auras-tu changé. La dernière phrase n'est pas bonne. J'aurais dit...

— Si tu l'aimes, il est à toi.

— Alors, je le prends.

Leur plus longue conversation depuis trois jours. Il s'assit et reprit la vérification du cahier. De temps en temps il tirait le papier, le relisait, corrigeait quelque mot et le remettait dans sa poche.

— Clémence?

— Oui.

— Clémence, nous avons fait fausse route.

Long silence équivoque. Sa cigarette s'éteignait.

Il en prit une autre et tout le temps qu'elle se consuma il revint en arrière, sur lui-même, sur eux-mêmes.

— Pour ton repos et le mien nous ferons mieux d'intervertir les rôles. Je te garde... ici, et nous nous séparons... là-bas. Reste calme. Écoute-moi. Ici, nous serons, j'allais dire des amis. Cela même n'est pas obligatoire. Nous nous entendrons bien, voilà tout. Tu verras, nous nous compléterons à merveille. Du moins tant que tu le voudras. Il y a en toi... Ta modestie, ton silence me conviennent ici. Là-bas, ce même silence... Ici tu n'auras envers moi que des obligations professionnelles : exactitude, application, discrétion. Non, vois-tu, nous nous faisions trop de mal. Je t'ai parlé de moi, expliqué... Ce n'est pas ta faute, tu ne peux pas comprendre, voilà tout.

La méprisait-il? questionna-t-elle.

— Te mépriser? — Il paraissait sincèrement étonné. — Je suis un réaliste, Clémence, je ne peux pas continuer ainsi, des gens m'ont investi de leur confiance, tu me déséquilibres, je passe avec toi trop vite de la sérénité au doute, je ne peux plus. A défaut de bonheur, je choisis le moindre malheur.

La figure contre le bois du bureau, elle pleurait bruyamment.

— Clémence, dit-il, tais-toi. Je ne crois pas aux larmes. Je suis dur, trop dur pour toi.

Il la laissa pleurer longtemps. Nécessaire, se disait-il. Enfin, il se retrouvait! Il regardait les objets autour de lui, les dénombrait, se fortifiait de cette comptabilité, leur nombre le justifiait. Il avait chaud, il n'osait aller à la fenêtre, les sanglots de Clémence le gênaient.

— Clémence, appela-t-il encore, calme-toi, j'étouffe et je veux ouvrir.

Elle ne faisait plus de bruit maintenant. Par les boucles de son chignon il souleva sa tête et se sentit atteint. Ce visage gonflé, cette laideur molle des larmes, la décomposition des formes douces jusqu'à ce boursouflement impudique, souffrances entrevues autrefois, hier, il ne savait plus.

— Mouille un peu ta figure à l'eau froide et reviens t'asseoir ici.

L'eau n'avait rien effacé, il évita de la regarder. Elle devait l'écouter, il ne plaisantait pas. Pouvaient-ils continuer à se faire mal? Souvent ils avaient discuté, elle voulait que le monde change.

— Je te blesse, tu t'ingénies à me détruire. Clémence, quittons-nous une bonne fois, ou vivons un amour en quelque sorte... un amour à vif.

On parlerait, on pourchasserait le mythe et ses voiles d'ombre, on ouvrirait les fenêtres, les claires vérités couleraient des mots échangés, limpides, précis. On s'analyserait sans pitié.

— Un amour en quelque sorte... marxiste. Pacte conclu?

Il avale l'air frais, revient vers elle. Bruits de six heures, chaises repoussées, craquements de l'escalier, fredonnement d'homme devant une fenêtre à l'étage en dessous. Quatre notes basses qui coulent fraîches sur la chair à vif de Clémence. Voix lointaine, voix du dehors. Villaderda en contre-jour. Ils sont ensemble et seuls.

Herbe verte et fraîche levant sous la pluie des mots, champ de velours, coquelicots en voluptueuses virgules, l'amour marxiste dura vingt jours. Tout se dire. Et Villaderda recommençait par le commencement : « Ma bien-aimée Clémence, j'allais vers toi, une aventure pareille à d'autres, je ne sais pas, ta lettre, moi toujours sur mes gardes... » Remontée jusqu'à sa jeunesse. Balancement du store à la fenêtre des souvenirs. « Je n'ai plus l'âge de perdre, toi tu le peux encore. Et que perdrais-tu? Au plus une ou deux années de ta vie... Envers toi j'essaie de tromper ma propre vigilance... Si tu voulais comprendre, un besoin de repos, la peur de manquer d'argent à mon âge, de ballotter comme la planche inutile d'un radeau qui a coulé. Ma bravoure s'est usée sournoisement. Je l'avais crue immortelle. Mon cuir s'est ramolli, tu trouverais des lambeaux de ma peau sur les banquettes des salles de gares où j'attendais le jour, aux comptoirs des cafés où je dépouillais des yeux l'œuf dur du voisin, aux glaces des vitrines quand je me heurtais à moi-même et ne me reconnaissais pas, aux tables amies — il y en avait — où je crevais de honte de ma voracité. Et le manque charnel de mon pays. Non, je t'assure, pas ce que tu crois, pas de regrets à ce sujet, vingt-trois ans de séparation, elle a voulu rester là-bas avec ses enfants... Sa famille a fait son devoir. Pour mes fils, mon capital moral demeure intact. Tu comprends, si je réussis aujourd'hui je fais coup double. Que dis-je, triple... »

Patiemment, il démonte et remonte sa mécanique. « Notre seule chance, dit-il, est dans la vérité complice. »

— ... Ne comprenant rien à tes soupçons, je vis, j'ai si longtemps vécu en état de repli. Tellement facile d'en arriver au mensonge... L'autre soir? j'étais avec Éloy. Besoin d'approcher quelqu'un qui te connaît, de te connaître en dehors de toi. Nous sommes allés à la Bastille, un café assez beau. Un ami de son père.

— Fernandez. Je le croyais reparti.

— Deux copains d'Éloy l'attendaient. Ils ont parlé. En me raccompagnant au métro, Éloy jubilait, disait : « Enfin on va bouger, on va secouer tous les vieux ». Je devais te le dire, n'est-ce pas?

Sursaut de Villaderda. Éloy-Clémence, Clémence-Villaderda. Dangereux enchaînement. En d'autres temps il aurait explosé ou rompu par prudence. C'est le temps de l'amour marxiste. Parler, expliquer, analyser.

— Avertissement, ma Clémence! Je connais ces choses mieux que toi. Et pourquoi ma circonspection permanente? Les petites organisations dont ton Éloy se réclame, je le sais, j'en ai souffert jadis, toutes noyautées, noyautées, noyautées. Va savoir! Un policier ne vient pas te dire : je suis policier. Laisse tomber Éloy ou tu mettras ma sécurité en danger.

— A quoi penses-tu, Clémence?

— A la campagne. Aux arbres, aux mouches. N'as-tu jamais envie de campagne?

— Jamais. J'étais jeune, je montais un jour à la sortie de Gérone vers une colline, par un chemin désert. Une panique m'a saisi, le silence de la campagne. Même la mer m'ennuie. Il me faut des hommes, des rues, des bruits.

— Un après-midi, j'ai traversé une forêt de pins, assise entre mon père et l'un de nos voisins qui conduisait sa charrette. Il a ralenti, le terrain sablonneux gênait la course du cheval. Derrière les arbres maigres, une forme indistincte, mouvante, flasque et grisâtre. Les troncs noirs des pins entouraient cette mer lointaine d'une grille aux barreaux épais, infranchissables. Mon père a dit : « C'est l'océan », et bientôt nous avons rejoint la route goudronnée. Voilà ce que je sais de la mer.

— Que de mots, Clémence ! Un prochain dimanche, nous irons à la campagne. Demain soir tu dîneras seule, n'est-ce pas ? Je suis encore invité. Ça s'éclaire. Trois publicités rédactionnelles. J'ai bien travaillé, hein ? Avec toi, ma Clémence ; mais j'ai tout de même arrangé ton texte. Les astuces te manqueront toujours. Si tu avais entendu mes discours ! Un jour je trierai mes papiers, je te montrerai.

A Bruxelles se tenait le congrès des associations pour le développement de l'étude des langues. Villaderda n'imaginait pas d'être convié à cette assemblée internationale et culturelle. Il vit dans cette invitation l'heureux effet de ses dîners en ville. Après quelques sondages prudents auprès des organisateurs, il s'y rendit avec Clémence. Il ne se sentait pas la force d'interrompre leur alliance fraîche et neuve et il ressentait d'elle un incessant besoin. La veille du départ il rapporta un grand carton qu'il lui tendit : « Voici pour toi. » Une robe soyeuse aux surcharges dorées, scintillantes sous la lumière, et des chaussures hautes, pointues, dorées également. Il ne fit aucune remarque mais jugea décevante la réserve de Clémence. Pour compenser les frais de sa venue, ils voyagèrent en seconde et emportèrent des sandwiches.

Vent vif par la vitre baissée, cahots, sifflets stridents ajoutaient encore à la surexcitation de Clémence. Harmonie des voluptés, l'une glissant sur l'autre. Sa vie atteignait le tracé parfait du cercle. En face d'elle, Villaderda soucieux et absorbé. Ce soir ils partageaient le même lit. A l'infini s'étalait la chaîne des nuits et jours à venir, prolongement et source de sa joie présente.

Villaderda lisait. L'angoisse l'avait repris, il cherchait dans de multiples brochures des bribes de formules. L'humour surtout lui manquait. Dans ces sortes d'assemblées, pensait-il, l'essentiel est d'exprimer brillamment des idées neutres. Quittant la gare, il fut pris de vertige, s'appuya contre la pierre d'un mur et dit à Clémence : « Ce voyage est insensé, retournons à Paris. » Il attendait qu'elle comprît, soulevât son bagage et décidât : « Nous retournons. » Elle dit simplement : « Ah oui? » Alors ils se rendirent à l'hôtel.

Dans le hall où se saluaient les participants, pris de court, il expliqua : « Voici ma femme. » A la réception, les ennuis commencèrent.

— C'est la vue de mes papiers qui vous rend si tracassiers à mon égard?

— Nous irons loger ailleurs, proposa Clémence.

— J'en fais une affaire d'amour-propre.

L'incident réglé, ils s'apprêtèrent pour le dîner d'ouverture. Les épouses portaient des robes noires et des bijoux. Le détail frappa Villaderda. Il s'écarta un peu de Clémence pour l'examiner. Sa tenue lui parut remarquable malgré l'absence de bijoux et cet air de mépris dont elle considérait les groupes autour d'elle. Lors des présentations il avait été impressionné par les qualités que déclinaient les participants, gens courtois, de bonne et de gaie compagnie, appartenant à quantité d'associations culturelles diverses dont les multiples congrès les réunissaient fréquemment à travers l'Europe, gourmets, buveurs, lettrés. Clémence les considérait avec rancune. Habillée et chaussée d'or, elle se sentait indécente. Elle n'aurait pas supporté qu'Éloy la vît ainsi. A Paris elle collait encore sous ses chaussures, pour en prolonger l'existence, plusieurs couches d'adhésif noir; même le manteau acheté par Villaderda avait pris l'aspect des vêtements bon marché trimbalés sous les averses. Et là, dans sa robe scintillante, elle se sentait posée comme un mensonge au milieu de la salle. Très entouré, Villaderda parlait beaucoup, buvait et la regardait de toute sa vanité satisfaite. Elle lui en voulut comme elle en voulait aux autres. Un certain moment, il la détailla tout en continuant sa phrase. « Dure/douce comme le pile/face d'une médaille », pensa-t-il. Les groupes se défaisaient pour se diriger vers la table du banquet. Il rejoignit Clémence et saisit ses doigts entre les siens.

— Ça va bien! Ce n'est pas si terrible, je m'en tirerai honorablement. Je ne me tiens pas trop mal dans le monde, non?

Elle haussa les épaules :

— Un monde fini!

Il s'immobilisa et la regarda de la tête aux pieds avec le plus profond dédain. De tout le repas il ne lui parla plus. Parfois il examinait son profil, elle mangeait, raide et silencieuse, sans bouger les yeux, devinant qu'elle avait lancé dans l'eau lisse de sa joie une pierre qui n'en finissait pas d'élargir ses ronds. Il vidait son verre, prenait celui de Clémence, guettait sa protestation. La phrase cinglante qu'il lui jetterait était déjà prête. Tant d'efforts pour se hisser, pour masquer leurs insuffisances, tant d'efforts qu'elle aurait dû apprécier, imiter. Un monde fini, avait-elle dit, posée près de lui comme un point d'exclamation avec son dos raide, ses coudes raides, sa chevelure roulée en banane. Une espèce de point d'exclamation.

arrogant, réprobateur, accusateur. La coupure entre eux lui parut plus saignante encore avec cette ponctuation dressée telle une hache au-dessus de lui. Il n'y tint plus, il lui pinça le coude, elle se retourna, souriante. Tout allait s'arranger, il lui parlait enfin.

« Le monde fini ici... c'est moi ! » Ostensiblement, il se frappait la poitrine à plusieurs reprises : « C'est moi, moi... Je vais la quitter. Un monde fini !... » Il savait bien, le monde fini c'était lui. Il revoyait — et combien de fois la même scène ne s'était-elle pas produite ! — son arrivée dans quelque pays, l'accueil des démocrates qui l'invitaient, la déclaration préparée en route qu'il dépliait et lisait la voix vibrante — le lendemain il parcourrait la presse pour la trouver au bas de quelque page —, et tout à coup, il avait conscience de sa propre dérision. Parler, voilà tout ce qui leur restait. Les autres là-bas tenaient le gouvernail. Lui se sentait un peu bouffon, vingt-cinq ans après, de ne faire que parler. Tôt ou tard ceux-ci, qui le recevaient aujourd'hui, tendraient vers les autres le bout de leurs doigts. A lui, à ses camarades, la bonne poignée de main de l'impuissance, l'attendrissement passager, et l'on passait aux choses sérieuses avec les autres. Les fameux impératifs commerciaux, quelle solidarité leur résistait ? Monde fini des exilés dont l'exil est trop long.

La main de Clémence toucha son genou, il la repoussa comme une mouche importune. Ce geste libérait de nouvelles images : Bruxelles justement, les années cinquante, ces camarades belges qui les aidaient, imprimaient leurs journaux et cherchaient à les ramener dans le sein d'une Internationale dont lui commençait à douter. On les invitait, ils s'y rendaient à deux, le plus souvent à trois — jamais seuls —, ils entraient l'un derrière l'autre. La salle à manger, le couple, les enfants qu'on envoyait au lit. Il y avait beaucoup de bière, la femme blonde et douce apportait les plats, s'enquérait d'eux comme de convalescents. L'homme questionnait, ils se consultaient des yeux avant de répondre évasivement. Il fallait aussi raconter des souvenirs. Leur mémoire en regorgeait. Ils se levaient un peu ivres, un peu mous, ils repartaient, l'un derrière l'autre.

Comme l'un des invités l'interpellait aimablement, il se lança la voix forte dans une longue réponse, captant l'attention de tout le coin de table. Peu à peu la conversation se fractionna tandis qu'il s'entêtait dans ses développements.

— Voyez-vous, j'ai toujours préconisé les étapes. Certains de nos paysans venus à la ville, nous les avions logés dans des habitations décentes avec un — excusez-moi — water en ciment, un trou. Mais le trou, à la campagne, est synonyme de danger. Le trou c'est la bête, le serpent. Résultat : ils se soulageaient n'importe où, dans la cuisine, dans le corridor. Des étapes, il faut des étapes.

— Très, très curieux, dit son interlocuteur avant de se lever, et Villaderda s'en voulut aussitôt comme s'il venait d'étaler une tare intime, un secret de famille. — Mais n'était-ce pas ce point d'exclamation qui l'avait amené à parler ainsi? Il avait voulu prouver qu'il n'oubliait pas. Elle se tenait à son côté comme Éloy s'y serait tenu, anguleuse, et dense de toute la misère des campas. Pour se justifier aux yeux de Clémence, il venait de se ridiculiser.

Dans le discours précédant les toasts, sa participation fut copieusement saluée. Le souffle lui revint. Et la détermination de briser avec Clémence le pressait tant qu'il se demanda comment tenir jusqu'à leur retour à Paris. Elle n'avait pas bougé, apparemment attentive aux discours qui se succédaient. Dans le souvenir de leurs dernières tendresses, elle puisait une espérance, demain ils parleraient. « Analyse, Clémence, dirait-il, interroge-toi, renverse les rôles. » Mais elle saisit le regard haineux qu'il lui lançait parfois. Jusqu'au bout il joua le jeu mais, la porte de leur chambre fermée, il bouleversa le lit, partagea les couvertures et, lui montrant le fauteuil, dit : « Tu dormiras là. » Rompues, les digues. Les injures se déversaient, il se délivrait enfin, criant sa joie de la démasquer, de triompher une fois encore d'ennemis camouflés. Il fallait qu'on le sache, il se reprenait toujours à temps.

Détruit, le plaisir du voyage ; enterrés, les pèlerinages aux gares, chambres de jadis, aux rues traversées poches vides et souliers usés, à l'inoubliable façade, porte de bois brun, relief des cuivres brillants — son œil accrochait une à une les lettres gravées sur la plaque et dans sa main tremblait l'enveloppe ouverte. Douleur et ressaisissement. Je sculpte moi-même ma propre image : ici plus profonde sera l'entaille, la plus chérie de mes trois filles, le dernier baiser distrait sur sa main malhabile et potelée. Onze années depuis l'adieu sur la route gelée de Gérone. Un tournant de rue, dit la lettre, une voiture... Il fallait oublier, jeter cette enveloppe. Elle aurait pu mourir dans la guerre comme tant d'autres. N'était-elle pas déjà morte pour lui après le baiser de Gérone ?

— Écoute-moi !
— Rien !

Les confidences qu'elle lui a faites resurgissent et

la condamnent. Ainsi elle rencontrait Éloy? N'était-ce pas celui-ci qui l'avait introduite dans la place? Son aveu? Avouer pour inspirer confiance, il connaissait cela; la difficulté avec lui, c'est qu'il connaissait tous les trucs pour en avoir usé lui-même. On le croyait aujourd'hui en position de faiblesse, on se trompait. Il repousse le bras qu'elle tend, elle s'obstine, s'accroche à lui. Elle se noie, il est son radeau. Il l'engloutit sous les accusations, les insultes. Tant qu'elle enserre ainsi son torse, elle surnage. Il cherche à se dégager de ces bras d'acier, il frappe au visage, il voit du sang et ne recule pas, gifle encore, le sang est une délivrance, elle cède et lâche, il est sauvé et roule sur le lit.

La lèvre violette ni la joue boursouflée ne l'attendrirent. Le jeu de Clémence lui était devenu transparent. D'abord destruction lente, subtile, de ses fibres, de sa raison. Aujourd'hui, destruction publique par le scandale. A l'origine, Éloy et quelques autres, les vieux concurrents d'autrefois qui venaient aujourd'hui le juger.

— Tu resteras ici jusqu'à ce soir... Je dirai que tu es souffrante. Pendant le dîner tu fileras à la gare, il y a un train pour Paris. Ta joue? Tu sommeilleras, personne ne te regardera. Tu laisseras ici la robe et les souliers. A Paris nous aviserons. Inutile de fouiller la chambre là-bas, je fais toujours suivre mes documents. Ils sont ici. Avec moi.

Il prépara deux interventions franchement agressives, et déplacées dans ce climat de courtoisie réciproque. Même les délégués des démocraties populaires le jugèrent irritant. Propos de dinamitero... ces

Espagnols se croyaient toujours en guerre. Villaderda savait trop le poids des mots pour ne pas en deviner l'effet, mais par-dessus les têtes convenables de ses auditeurs il s'adressait à Éloy et Clémence.

De retour au bureau il commença par feuilleter les journaux achetés à la gare. Clémence triait les lettres reçues ce matin-là. Il avait choisi d'aller d'abord rue Saint-Honoré, il déciderait ensuite de regagner ou non leur chambre. Elle déposa devant lui le courrier du jour et le bulletin annoncé par Éloy. Mal présenté! Après son départ du journal personne n'avait tenu compte de ses remarques. En deuxième page s'étalait son nom. « Je vous envie, mes camarades... »
Il tourna la tête, Clémence regardait par la vitre. Malgré la fraîcheur de la pièce, ses bras restaient nus. Il souhaitait qu'elle parle, dise n'importe quoi. Il ouvrirait alors la bouche. Dans ce bureau morne, le silence uniforme gelait gestes et pensées. La maison s'anima. Les bureaux se vidèrent, les fenêtres s'ouvrirent. Clémence gardait le même silence. Il se leva pour sortir.
— Et tu ne me présentes même pas d'excuses!...
— Je n'aurais pas pensé à des excuses, ironisait-elle. Et elle se leva aussi.
Mais quand il poussa la porte, elle s'avança pour freiner son geste. Il ne résista pas. La lassitude l'emportait, il se retrouvait sans désirs et sans rêves. Broyés, pulvérisés, les rêves et les désirs. Leur poussière âcre volait autour de sa tête, il la sentait pénétrer sa gorge et ses narines, l'étouffer doucement. Il ne savait plus très bien que décider. Elle ne pleurait même pas, son visage n'exprimait rien, elle n'avait plus de visage du tout. Elle percevait aussi cela.

— Je voudrais n'être plus moi, je voudrais être n'importe qui sauf moi, une fille que tu rencontrerais, elle te plairait, nous parlerions...

— Ça va, dit-il. — Et il l'embrassa sur le front.

Il travaillerait, vivrait parallèlement à Clémence. C'était un baiser de résignation. Ils descendirent ensemble à la brasserie du Palais-Royal. En silence ils mangèrent le plat du jour, des moules farcies. Villaderda n'aimait pas les moules, il les avala sans se rendre compte.

SIMON

Jusqu'au voyage à Bruxelles, décor unique : le bureau. Simon partageait ce point de vue, Suzanne avait raison. Une première partie se déroulant dans l'atmosphère un peu morne et moisie d'Hispanicus. Villaderda, longs monologues. Bruits extérieurs, les musiques du café par exemple, les voitures et la galopade biquotidienne des employés du bureau voisin.

A mesure que se bâtit le travail son inquiétude augmente. Il y sent une espèce de déséquilibre. Ce n'est pas une pièce, c'est un rôle, Villaderda, personnage aux contradictions limpides dont Simon partage les écartèlements. L'autre nuit, se promenant de la rue Saint-Roch à la rue Vivienne, il est entré dans chacun des cafés croisés sur sa route. Ça ne servait à rien, ça ne lui apportait vraiment rien, il a seulement satisfait son désir de plonger dans cette histoire jusqu'au plus profond, au-delà du métier. La fatigue sans doute — il ne sait pas boire — a crevé soudain sa joie. Elle s'est répandue hors de lui. Il pleuvait, il aurait parié que c'était elle qui coulait sur sa tête et sur ses yeux, formait flaque autour de ses pieds. Plus que la fatigue, le doute. Né d'un haussement d'épaules dont il s'est tout à coup souvenu.

— Encore du vocabulaire, avait ironisé ce comédien rencontré la veille. — Celui-ci préparait un spectacle complet où l'improvisation prendrait une large place. L'improvisation des gestes et des mouvements. Car les phrases, les mots, on en avait trop dit, trop entendu.
— Ça dépend où, répondait Simon.
Bousculé, soupçonné de se retrancher confortablement derrière un texte, il n'a pu donner sur son travail que de vagues explications. A mesure qu'il parlait, toutes les pièces de la machinerie se dispersaient.

Il ne peut pas échouer. Sa première, son unique chance, la première qui coïncide exactement avec son amour mystique de la scène. Une courroie de transmission, il n'est rien de plus. Il ne sait s'exprimer que par les mots des autres. Il ressent à parcourir un texte l'émerveillement d'autrefois lorsque son père, ajustant des bois de formes différentes, faisait apparaître un objet cohérent. Quand il doit parler son propre langage, il bégaie, s'embrouille et se répète. A travers Simon, apparaîtra bien plus que Villaderda. Pas besoin d'être un Espagnol ni un exilé pour que se profile la tentation. Il connaît nombre de ses camarades qu'elle a sournoisement guettés. Il imagine les discussions passionnées qui suivront le spectacle. Et l'Espagne exilée en sortira grandie, ravivée. Autour de la scène de M... tomberont les bâillons.

Dans sa propre vie transparente il ne retrouve aucune trace de fléchissement. Il est resté sourd aux chants des sirènes. La médiocrité est sans prise sur lui. Lorsque Villaderda soupire plusieurs fois : « Je suis un homme fatigué. Fatigué, n'oublie pas cela ! »

Simon retrouve toutes les facettes du mot fatigue, mais lui, il en a fait une sorte de dynamique, un mot qui déclenche le rebondissement. A peine besoin d'imaginer les nuances ou de se souvenir. Qu'y a-t-il de changé depuis vingt-cinq ans? Un même long souvenir s'enroule autour de son crâne. Il tient bon avec les moyens du bord. Sa rigueur extrême lui permet mieux encore de comprendre Villaderda. Il sait de quoi elle est pétrie. Il n'en veut à personne de ne pas la partager. La couche profonde en Villaderda est aussi cette rigueur. Simon s'efforce de la laisser transparaître jusque dans les scènes où le personnage glisse et cède à la fatigue.

Quand il en arrive à Clémence il perd pied. Ses rencontres avec Gabrielle ne l'ont guère aidé. L'une est un calque flou de l'autre. A défaut d'éclaircissements, Suzanne et lui en ont fait une femme docile et douce que l'aventure dépasse. Là n'est pas la vérité. Il travaille autant qu'il peut pour donner à Clémence de la couleur et du relief. Si la couleur se révèle fausse, Gabrielle aura peut-être un cri. Il reste curieux de l'observer quand elle viendra aux répétitions. Elle cachait mal, au cours de leurs promenades, un air agacé lorsqu'il en revenait à Clémence.

Mais Villaderda l'a saisi, il a basculé de son côté, entièrement, jusqu'à se retrouver un certain soir dans les cafés de la rue Saint-Honoré.

Toute la seconde partie du spectacle se déroulera dans la chambre.

VILLADERDA

Quelque part dans la maison cinq heures sonnaient. A ce signal Clémence changeait d'attitude. Rapide mise en scène soigneusement préparée : trois registres à ouvrir, une boîte d'enveloppes, une liste de noms tirés du Bottin au hasard. « Être vrais, splendidement vrais », avait dit Villaderda un jour, dans les commencements... Oui, mais il ne croyait pas à la vérité. Depuis quatre mois, depuis le voyage à Bruxelles, il avait fallu tisser un rideau de faussetés légères. Ainsi protégés, ils se rejoignaient parfois en des instants d'une densité incomparable. Mais derrière ce voile fragile se tenait l'austère vérité, attendant son heure comme une araignée patiente. Soudaine, imprévisible, la retombée vertigineuse. Villaderda devant elle comme un miroir déformant lui renvoyait en quelques paroles sa propre image disloquée, décolorée. Sursaut et dénégation. Mais les mots qu'il avait jetés cheminaient en terrain propice. Pour qu'elle lui apparût ainsi grimaçante et sordide, ne fallait-il pas qu'elle fût réellement cela? A son insu? dans quelque recoin ignoré d'elle et qu'il avait réussi à percer? C'en était fini, les murs se fendaient. Alors se réveillait l'instinct de sauvegarde, « aux brèches, Clémence, aux brèches! » Et dans l'ardeur du danger, les visages se brouillaient à certaines secondes d'intense fatigue. Elle ne savait plus; confusion du présent et du passé, identification trouble : Villaderda ouvrait la porte, sur la poignée la patte lourde et crasseuse de son père. Recul de Clémence, dissimulations puériles. « Mais non, c'était ma mère qui buvait. Moi je ne bois pas, c'est Villaderda. »

Il entrait, la trouvait penchée sur les registres, refermait la porte, satisfait.

— Rien de neuf?
— Rien.
— Encore des enveloppes?
— Oui, quelques demandes.

Ça ne marchait donc pas si mal. Un peu de patience, il s'en sortirait. Il traversait la pièce, soulevait quelques papiers posés sur la table et repartait vers la porte. Arrivé là, il hésitait. Lui fournirait-il quelque justification? Non. Pourquoi?

Au café d'en bas on le connaissait maintenant, on l'appelait par son nom, il savait celui du garçon, il aimait à suivre la main qui décollait le verre du plateau et le déposait devant lui. Avec la bière lui revenaient vigueur et confiance.

Il ne rentrait plus directement à leur chambre. Il s'était créé un cordon de relations bizarres dont il ignorait tout, bustes vissés sur les comptoirs quasi vides après huit heures. Quelques mots échangés, les mêmes partout. Minutes de chaleur fugitive, de fraternité fade. Ainsi balisée, la route du retour s'étirait à l'infini. Tard dans la nuit il grattait à la porte. En quelques secondes tout se jouait d'œil à œil.

Il s'est assis au bord du lit, flapi, morne, odorant.

Roulé dans sa main droite, le journal du soir moite et mou. Il le tient encore pour dénouer ses lacets. La chaleur de sa main éponge les lettres noires.

S'en aller n'aurait servi à rien. Déjà elle ne vivait plus tout à fait avec lui, elle avait retrouvé l'existence solitaire un moment oubliée. Assise au bord de sa propre vie, elle la regardait couler. Son image présente se décomposait, fluide et fuyante comme l'eau. Dans les moments de retrouvailles elle avait envie de lui parler d'elle. Mais dans ces moments-là Villaderda avait tant à dire. Au loin continuait la fête cruelle. Tant à dire sur lui lorsqu'il commençait à parler. Sa vie gisait entre eux. Dans le lit, précieuse et lourde, creusant le drap, elle était là qui s'enroulait à Clémence quand Villaderda se rapprochait. Entre eux partout, pour protéger l'un et noyer l'autre.

Il avait décidé de s'en tenir aux apparences qu'elle lui offrait. Elle était là, tête penchée, elle travaillait, elle rentrait directement, elle se taisait quand il arrivait tard. Mais que pensait-elle derrière tout ça ? Un jour ou l'autre elle chuterait. Elle ne pouvait manquer de chuter. Consolider le radeau, cela seul devait l'occuper. Pour cette consolidation, il sort davantage, il invite, il est invité, change de chemise chaque jour, vient et va en taxi, s'endort lourd de vin et de nourriture, s'agite et se relève, note fébrilement quelques-uns des propos échangés à table qui remontent à sa mémoire. Le sommeil s'est enfui, il fume, les yeux fixés sur la lampe rouge. « ... l'Oscar du *Financial Time* décerné à la PESETA — l'Espagne, alliée idéale des États-Unis, l'unique pays qui ne lui ait pas posé de problèmes — trois personnes ont péri à

GRENADE, ensevelies dans une habitation troglodyte... » Il jette le journal.

Éloy avait disparu. Des activités mystérieuses dévoraient ses nuits et ses dimanches. Il téléphona un après-midi, et Clémence le rejoignit, à six heures. Ils tournèrent plusieurs fois autour de la place des Victoires. Éloy tanguait dans la somnolence. Il parla d'abord de Pilar qui le décevait beaucoup mais il lui découvrait toutes sortes d'excuses qu'il développa longuement pour se convaincre lui-même. Il posa des questions sur Villaderda. Harassé, sobre, le premier au bureau, le dernier à partir, pas étonnant qu'il ait lâché le Bulletin; quand aurait-il trouvé le temps de rédiger des articles? Ainsi le peignit Clémence.

— Je ne suis plus d'accord avec le Bulletin. Terminé. Terminé. Il faut faire autre chose. Un de ces soirs j'irai voir ton négrier. Est-ce que tu pourrais à tes heures perdues, au bureau, me passer quelques papiers à la machine? Tu sais taper maintenant! Bon, je pars. Et pourquoi tu ne viens pas dîner chez nous? A dix heures tu serais rentrée, toute la famille se lève tôt. Ma mère t'aime bien, tu sais.

« Elle m'aime bien? » Non, Éloy devait confondre, il pensait à Anna. Et si vraiment la vieille femme l'affectionnait? Malgré son doute, elle eut envie de rencontrer quelqu'un qui l'aimait bien. Mais lorsqu'ils arrivèrent après une heure de trajet, la mère d'Éloy préparait encore la sauce. « Je ne dois pas rester, je dois m'en aller », puis elle renonça. Son corps s'engourdissait dans le bien-être de cette cuisine. La mère allait et venait, soulevait les couvercles, jetait du sel;

les fumées épaississaient l'air chaud de la pièce. Elle resterait. Villaderda éclaterait, elle voyait la lézarde, les deux blocs se séparaient, basculaient dans un néant indolore.

Pour trouver Éloy, il suffisait d'aller le soir entre six et huit à la porte de la Chapelle. Le travail terminé, en compagnie d'autres types qui venaient comme lui pour se délasser devant un demi, il s'installait au comptoir du *Rendez-vous des autobus*. Clémence l'y rejoignit quelquefois lorsque Villaderda dînait ailleurs.

— Je suis venue parce que...
— Je ne te demande rien, disait Éloy, tu es venue, c'est tout ! — Il recevait en ce lieu. Diverses gens venaient le saluer, prenaient un verre avec lui et repartaient. Clémence n'arrivait pas avant sept heures. Le temps filait alors double train. Les chromes avalaient et renvoyaient l'image de la serveuse, rose du pull-over aux cheveux. Dans la sinuosité du comptoir venait se couler un « porte-à-porte », comme disait Éloy. Il s'affalait. Entre ses gros pieds meurtris, la serviette trimbalée tout le jour. Il plaçait des livres d'art; ça marchait assez mal. Après quelques minutes d'abattement et deux bières il retrouvait son bagout et la discussion s'animait autour de lui.

Clémence aussi s'animait. La bière la rendait loquace. Ici elle se reposait de Villaderda. Pourtant lorsqu'elle se croyait loin de lui, il se substituait à chacun de ceux qui l'entouraient. A huit heures, Éloy vidait son verre et sortait, entraînant Clémence.

Pilar demeurait invisible, elle apprenait la comptabilité, ainsi le voulait son frère. Tous deux avaient été choqués du choix de Villaderda. N'aurait-il pas été plus équitable qu'il engageât Pilar?

A table, Éloy mangeait vite et sans soin. A ce moment aussi, on venait le consulter ou causer avec lui. Il répondait entre deux cuillères de sauce. Un soir Clémence comprit qu'on parlait de Villaderda. Que devenait-il? on ne trouvait plus sa signature sous l'éditorial. Où était-il passé?

— Villaderda condamné! trancha Éloy la bouche pleine, condamné pour crime de fatigue!

Il se levait, essuyait sa bouche. Clémence serrait des mains, enfilait son manteau. Maintenant elle embrassait la mère d'Éloy au départ et à l'arrivée. Dehors, suivant son humeur, Éloy commentait les visites du soir ou se retranchait dans un silence hargneux. Une exaltation violente le soulevait parfois, il traçait de flamboyantes perspectives, dénouait le passé maille après maille jusqu'à son fil originel. Alors s'assemblait la mosaïque écarlate en forme de fleur sanglante. Le vent se levait qui sécherait ses pétales. Il fallait marcher avec le vent, disait Éloy. Il avait du travail. Il tentait d'organiser un groupe chargé de l'accueil aux gares d'arrivée. Ça ne partait pas seulement d'un élan fraternel — court-circuiter les camionnettes que certains employeurs envoyaient le soir pour le recrutement d'une main-d'œuvre docile, entre autres pièges — mais aussi d'un travail précis et difficile.

Comment organiser des gens tout à fait dépolitisés dans leur pays? Il en était arrivé à monter une équipe de football à la Campa. Son impatience s'arrangeait mal de ces détours. Devant eux, l'espace. Les droites des maisons noires et les obliques des rues transversales. Univers de l'ombre, sans courbe, tout en lignes sèches, fuyantes, qui se perdaient dans la nuit. Tandis que roulait le métro, Éloy lisait les journaux. Dormant déjà, Clémence fermait les yeux. Relief surprenant des visages autour d'eux, ils semblaient coupés des corps tassés qui les supportaient.

Le radeau s'est sérieusement consolidé. Le courrier augmente, les coursiers sonnent, Villaderda ficelle, Clémence colle, court à la poste, revient en hâte, Villaderda dicte, corrige, ils mangent sur le coin du bureau, ramassent les miettes grasses, côte à côte ils travaillent une partie de la nuit, rentrent par le même taxi. Villaderda se précipite sur les bouteilles d'eau qui rafraîchissent à l'extérieur de la fenêtre. Clémence quitte ses vêtements comme dans la chambre d'Anna, avec gêne et rapidité. Un corps n'aurait rien à faire ici. Absorbé, lointain, Villaderda l'ignore ou le refuse. Avant d'éteindre il jette un coup d'œil fatigué sur les nouvelles du jour : *Un axe Paris-Madrid.* Clémence dort déjà puisqu'elle ne bouge pas. Souvenirs des chambres solitaires, des lits mal éclairés, il avalait tous les journaux, trop averti pour ne pas déchiffrer les multiples significations des mots. Clémence... et d'ailleurs elle dort, et d'ailleurs elle n'y peut rien.

Un matin, dans un élan de satisfaction, il lui dit « tu me portes chance » et l'embrassa et la pressa de continuer les envois. Il l'entretint aussi de la bonne marche de ses entreprises. Encore un effort, il proposerait alors d'engager quelqu'un qui les déchargerait des courses et des expéditions.

— Un soir prochain viendront deux des actionnaires. Voir le bureau, discuter avec moi. Nous allons préparer un récapitulatif et j'ai de quoi l'étoffer maintenant. — Il mangea double. Son visage s'ordonnait autour de ses yeux clairs. Ses traits apaisés redessinaient sa figure des premiers temps. Sa pâleur tenait au sommeil écourté, mais ce jour-là tout lui semblait bon : le pain, la bière, le froid trop vif, le soleil morne.

— Quand je serai sorti de ce tunnel...

Il entrerait dans un autre !

— ... nous ferons un petit voyage ou bien nous irons... à la campagne, un dimanche, puisque tu aimes la campagne.

Il saisit son regard sceptique. Elle avait changé. Il en était persuadé, elle camouflait une force nouvelle qu'il ne lui avait pas connue. Qui peut-être était lovée en elle et qu'il avait réveillée. Elle lui paraissait moins vulnérable.

Bientôt il lui faudrait appeler Éloy, reprendre contact avec le Bulletin. Il se partagerait désormais. Il commençait l'escalade d'une nouvelle dent de la scie.

— Monsieur Meunier, le responsable de notre société. Ma collaboratrice !

— Qui travaille encore à huit heures du soir ?

— Et depuis trois semaines ! Je vous en parlerai tout à l'heure.

Ils descendirent. « Je ne pourrai pas attendre leur retour. » Sommeil. Engourdissement des mains. Juste un petit quart d'heure — ils ne resteraient pas moins d'un quart d'heure en bas —, elle les entendrait remonter.

— Voyez, cette fille est fatiguée, son rendement est nul. Qu'est-ce que je vous disais, Villaderda ?

Préfère-t-elle récupérer en jours de vacances ou recevoir une gratification?

— Elle préfère être payée.

— Bon! nous allons donc payer des heures supplémentaires pour un travail moindre. Combien lui devons-nous? faites un calcul rapide!

Villaderda était décomposé. Son visage redevenait un fouillis de traits qui se bousculaient.

— Disons environ sept cent cinquante francs.

— N'importe quel étudiant fauché, chômeur ou fille sans spécialité, engagé pour une ou deux semaines, nous aurait coûté moins cher! Engagé sans... engagement. Vous devez bien connaître autour de vous des gens qui...

— Je connais!

Clémence commença de ranger, le dos tourné aux deux hommes. La parole de Villaderda devenait brève et saccadée, il allait éclater. Elle était curieuse de comparer cette violence aux explosions qu'elle avait essuyées. Dès qu'ils seraient seuls il se retournerait contre elle. Endormie... les pieds sur son fauteuil, il n'était pas près de pardonner. Ça ne l'inquiétait pas. Elle baignait dans la fatigue. Une eau lourde qui la tirait vers ses fonds, lui ôtait la mémoire et les réflexes.

— De toute façon, nous stoppons là et nous comptons les points. A partir des premiers résultats nous foncerons plus avant ou...

— Oui, sept cent quatre-vingt-dix francs. Les retenues...

— Un moment, Villaderda.

Ils parlèrent à voix plus basse. Clémence voulait écouter, elle n'y parvenait pas. Elle se retrouva dans l'escalier sombre, elle avait même oublié d'allumer la minuterie.

« Voilà », avait dit Meunier — il paraissait pressé, il avait proposé à Villaderda de continuer la discussion en dînant dans les parages —, « voilà c'est une prime! exceptionnelle! une prime de cinq cents francs. Et nous vous promettons dorénavant de vous épargner ces trop longues journées. »

Cinq cents francs dans son sac. A la manière dont Villaderda les étalait ici devant elle, Clémence comprenait qu'il était furieux.

— Vous pouvez partir. Et demain samedi, inutile de venir. Nous reprendrons tout ça lundi.

Cinquante mille francs inespérés, inattendus. Pas volés en tout cas! Si ce Meunier-là n'était pas venu... Ces cinquante mille francs lui devenaient propres, personnels, ils lui avaient appartenu bien longtemps auparavant. « Ils étaient à moi, Villaderda ne me les aurait pas donnés. » Il pleuvait. Une pluie douce comme si l'argent coulait sur ses yeux et ses épaules. Impression de force neuve. Elle ralentissait devant les vitrines. Si elle le voulait, elle pouvait avoir ça! Les objets se rapprochaient. Elle aurait souhaité que Villaderda ne sût rien de cet argent. Sa joie de l'éparpiller lui était brusquement retirée. Il dirait : « Gardons-le »! Alors elle changea d'avis. Elle le garderait. Comme un talisman rassurant, à l'abri de Villaderda. Elle le cacherait. S'il la questionnait elle répondrait : « Je l'ai envoyé à mon père. » Elle s'aperçut dans une vitre d'étalage. Sur sa bouche le reflet d'une étiquette posée contre un objet informe et inutile : 500,00 F. La résolution qu'elle venait de prendre remonta jusqu'à cette bouche où s'était collée l'étiquette. L'argent pouvait donc être ça, Villaderda ne se trompait pas. Maintenant qu'elle l'avait touché de ses doigts, qu'il restait plié dans son sac, pourrait-elle faire comme s'il n'avait pas été?

Finalement elle n'avait pas dormi plus de cinq heures. L'argent était caché dans l'ourlet de son manteau, autant dire introuvable. Villaderda se réveilla dans l'après-midi. Il était calme, presque souriant. Il ne dit rien de l'incident survenu au bureau, il ne parla même pas du bureau. Tous deux se sentaient vidés et inutiles. Ils n'avaient pas encore connu la chambre un samedi après-midi, ils s'y accoutumaient geste après geste.
— Tu es déjà sortie?
— Non, j'ai lu seulement.
— Tu t'es réveillée tard?
— Presque comme d'habitude.
— Et tu as lu tout le temps?
— Je ne voulais pas te réveiller, tu sais bien la porte grince.
— Ah oui, la porte grince! Et ces journaux collés sur l'encadrement de la fenêtre?
— Contre le froid. Il a fait très froid la semaine dernière, le châssis joint mal, la nuit je sentais le vent glacial.
— Tu as raison, il a fait très froid. Je ne m'en rendais pas très bien compte. Combien d'heures avons-nous travaillé?

Il se met debout. Clémence a posé sur la table la tasse de café qu'il a réclamée en se réveillant. Il regarde une chambre qu'il ne reconnaît pas.
— Tu m'as entendu rentrer?
— Je crois, c'était très indistinct.
— Tout est toujours très indistinct pour toi! Et ça!

Il s'assoit, pose la tasse à ses pieds et se penche

vers le journal collé au bas de la fenêtre. Il tire impatiemment, le journal se déchire juste au milieu du mot que son œil a par hasard accroché.

— Décolle tout ça, Clémence, veux-tu?

... *chargé de juger les membres du* — déchirure — *pour activités en rapport avec les grèves des Asturies.* Les membres du quoi? *15 février.* Non pas ça, c'est la page des spectacles, celle des sports, retrouver les précédents journaux.

Monsieur Roger Frey s'incline au Valle de Los Cardos. Le général Ailleret met aussi sa main dans celle du général Muños Grandes. Aucune importance, tout ça n'est pas nouveau.

« Mourir à Madrid » sera-t-il autorisé?

A propos du prix Formentor...

Le conseil de guerre juge 17 Catalans accusés de rébellion militaire... membres du F.O.C... obligation faite à ceux qui assistent au procès de donner leur nom et leur adresse. La salle, malgré cela, était comble.

26 février : Procès de l'écrivain José Ramón Recalde.

Que faisait-il le 26 février, l'avant-veille? Il s'était levé préoccupé par la rédaction du récapitulatif. Quand il était entré dans le café à l'angle de la rue Saint-Roch, il avait senti une douleur aux oreilles. Le froid, il le savait aujourd'hui, mais alors il traversait des rues sans les voir, il se guidait de mémoire, il n'avait souvenir d'aucune sensation. Oui, dans le café, des clients inhabituels, coiffés de toques et d'écharpes. Ils avaient travaillé, Clémence et lui. Voilà..., elle avait gardé son manteau. Dans l'après-midi elle était sortie — depuis deux heures il sentait la faim, il n'était pas capable d'attendre davantage, à son retour il lui avait reproché sa lenteur. Quarante minutes pour jeter un sac de lettres dans une boîte et acheter des sandwiches? Et naturellement boire un ou deux cafés chauds puisque tout le monde grelottait cette semaine-là. Il n'avait pas précisé « apporte-moi le journal ». Pas cet après-midi-là. Ceux des jours précédents gisaient autour du lit. Il se souvenait d'une colonne grasse en première page : INTENSE ACTIVITÉ A MADRID, il n'avait pu aller jusqu'au bout. Le sommeil et le récapitulatif... Quelques informations secondaires, comme il en avait tant lu, venaient de le déranger. Pendant vingt-cinq années et davantage, vie personnelle inexistante, tout pour la vie collective : le temps, l'énergie, l'enthousiasme, les désirs, les forces, les élans, les passions, le temps surtout. Et quand s'était arrêtée la vie collective, il n'était resté que l'existence personnelle. Il y avait apporté tous les tics, toutes les règles de la vie collective. Ses amis belges des années cinquante disaient qu'aujourd'hui on ne voulait plus de ces partisans frustrés qui remplaçaient l'équilibre intime par l'action militante. Éloy tenait aussi ce raisonnement : il fallait des êtres épanouis. Villaderda s'était moqué : et pourquoi pas une action révolutionnaire qui s'inscrirait à part égale avec les autres loisirs de l'existence? En prison ou dans la rue, il avait appris des grands, des durs, autodidactes ou paysans illettrés, la règle essentielle : prêts à tous les sacrifices, aucune compromission. Il avait été formé — ou déformé — par cet enseignement.

« Attention, piège! disait-il à Éloy. Ils vous récupéreront par le sexe » (il avait employé un mot nettement plus fort). « Et ils le savent. Laisse à tes amis parisiens ce combat de luxe, nous avons autre chose à faire. »

— Clémence, veux-tu descendre chercher le journal?

Il le parcourut. Aucune information sur l'Espagne. Un sursis. Demain il irait chez Éloy, il rattraperait les événements. Depuis six mois il tentait d'entrer dans le jeu du système, de gagner un combat personnel, il acceptait de se définir selon les canons de ce système. Pendant trois semaines il avait tout oublié de l'Espagne.

— Je t'avais parlé de manger dehors ce soir? Demain, veux-tu? Je me sens encore fatigué. Le grand patron doit avoir lu le récapitulatif. Je me demande...

Autrefois on l'admirait pour la clarté de ses rapports, son art de la synthèse.

— Reste-t-il de l'eau froide?

Clémence ouvrit la fenêtre et tendit la main. L'obscurité coula sur son bras, douce et fraîche. Fenêtres du passé, le bras plongeait au-dehors comme dans une eau lourde à la recherche de mains absentes. Elle s'approcha de Villaderda, l'embrassa plusieurs fois autour de la bouche.

— Clémence, pourquoi es-tu si peu tendre? Non, tu n'es pas tendre. A ton insu je regarde souvent ton visage, il est dur et volontaire. Ta douceur n'est que dissimulation. Et tu mens, j'en ai la certitude, tu me mens.

Elle secoua la tête pour éviter de répondre. Elle avait pris une éponge et lavait les traces de colle qui restaient sur la fenêtre. Il suivait ses gestes. Elle s'assit ensuite à l'autre bout de la chambre avec le journal qu'il avait abandonné. A distance ses cheveux paraissaient bruns et son profil doux. Une maille large courait sur son bas. Envie de parler avec elle, comme aux premiers temps, toute la nuit, jusqu'à l'engourdissement. Le journal venait de tomber, elle avait fini de le lire.

— En politique ce qui déshumanise, c'est la recherche à tout prix de l'efficacité.

Étonnée, Clémence le regarda.

— Pourquoi dis-tu cela?

— Je pensais à ma vie. Ne bouge pas, je ferai du café. Je voudrais que mon expérience profite à ceux qui me sont chers.

— Pas de café pour moi, dit Clémence. — Villaderda devint blanc. Elle bâillait déjà. Elle choisissait de dormir, elle refusait cette veille.

— En politique seulement? demanda-t-elle pour se rattraper.

Il n'en savait rien, dit-il. Pourquoi prêtait-elle attention à tout ce qu'il disait?

Non seulement il ne montra aucune humeur mais il plaisanta Clémence sur sa mine reposée. Pendant qu'elle faisait le marché il arrangea le lit et ouvrit la fenêtre. Des nuages roses traçaient une route qui s'engloutissait dans le désordre des toits. Il se rendit compte qu'il aimait cette chambre. Il n'avait oublié ni la déception de la veille ni le mutisme de Clémence sur la prime reçue. Il se sentait humble, incapable de questionner. Il sortit pour acheter des fleurs. Pas pour lui; quand il y en avait, il ne les remarquait pas. Pour le plaisir de Clémence, pour la surprise qu'elle ressentirait.

— Je n'aime pas les restaurants, dit-elle pendant qu'ils déjeunaient.

— Nous ne bougerons pas ce soir.

Il avait complètement oublié sa promesse.

Dans la soirée, il renonça brusquement à se rendre

chez Éloy. Demain il téléphonerait — il savait où le joindre — et lui fixerait un rendez-vous proche.

Il laissa parler Clémence, elle raisonnait en termes de morale, pas d'efficacité.

— Sois dépensière en mots, lui dit-il un peu plus tard. C'est la monnaie préférée des imbéciles.

— Et tu crois qu'ils les avalent?

— Inflation galopante! toujours davantage et plus!

Il remit la conversation sur le récapitulatif. Mais le bruit de la pluie lui fit lever la tête. Il ouvrit les deux battants de la fenêtre, « un peu d'air froid, j'étouffais ». Les gouttes explosaient et se fractionnaient sur le rebord de pierre. Clémence vint près de lui. Ils mouillèrent leur front à l'averse qui cinglait de biais.

— Parmi les inculpés il y a des gens de chez nous?

— Qu'est-ce que tu appelles des gens de chez nous? Non, il y a des types du FOC et de NEU. A propos, je ne suis plus d'accord avec le Bulletin. Tu as lu les derniers éditos?

— Tu préférais les miens?

— Franchement oui. Tout le groupe des copains a fait scission, nous allons travailler avec...

— Avec les libertaires.

— Tu as deviné?

— Ça devait arriver!

— Ça devenait urgent. Si tu avais gardé le contact, tu saurais que la brèche est faite.

— J'entends ça depuis vingt ans! Comme disaient

les Français, le dernier quart d'heure. De Franco !
— C'est bien pour ça, il ne faut pas qu'on en parle vingt ans de plus. Aux actes. Là-bas et ici.
— Ici ?
— Actions conjuguées. Il n'y aura pas beaucoup de Français chez nous aux prochaines vacances.
— Tu ne crains pas que vous ayez fait une analyse erronée ?
— On n'a plus le temps de faire des analyses. On les fera plus tard, tu nous aideras. D'abord lancer l'action.
— C'est ça ! et nous montrer au grand jour, tous, pour qu'on n'ait plus qu'à nous éliminer en bloc.
— Pas toi ! tu feras tes analyses à l'abri ou tu vendras des méthodes de langue espagnole !

Éloy avait changé, rien ne restait de sa déférence passée. Villaderda abrégea l'entretien. Il lirait les derniers éditos, il contacterait les gens du Bulletin, verrait ensuite. Maintenant il importait de prendre vis-à-vis d'Éloy une distance raisonnable. S'il avait jadis lâché Durutti, ça n'était pas pour rejoindre aujourd'hui ses héritiers. Il faudrait d'abord lui prouver que le moment était venu de passer à l'action.

Il revit les gens du Bulletin. Bon accueil. « Oui nous savons, tu as été très occupé. Ton travail, évidemment. Tu as bien fait. Ta place est parmi nous, l'heure est venue de nous définir. Ne nous parle plus de cette racaille d'Éloy. Les hommes comme toi nous en avons plus que jamais besoin. Voici les derniers numéros du journal. » Il lut, garda le silence.
— Est-ce que ça n'est pas bien écrit ?
— C'est bien écrit mais c'est mal pensé. Les choses

mal pensées sont généralement bien écrites dans des feuilles comme les nôtres. — Il demanda un délai de réflexion.

Cette fois, Clémence ne tenta pas de retrouver le point de départ. Le changement s'était fait sournois. Pas d'éclat, pas de dégringolade. Un degré descendu après l'autre. L'atmosphère aussi était différente. Maintenant Villaderda restait tard au bureau. Il attendait. Les résultats de leur travail et les décisions des actionnaires. Restait la routine : quelques appels téléphoniques, quelques lettres, quelques dîners. S'il invitait, désormais ce serait sur son budget personnel. Il composait des articles qu'il n'envoyait pas au Bulletin, prenait des notes pour une étude sur un thème qui lui était cher : « Les querelles de personnes, drame des organisations clandestines. » Il y travaillait distraitement. A trois heures, petit tour au café pour feuilleter le journal. Retour au bureau — ses absences restaient courtes —, signature de la ou des lettres. A six heures moins le quart, soulagement. Clémence partait à six heures, il restait enfin seul, sans témoin, et rouvrait le journal.

Il ne montrait pas l'impatience qui l'attaquait à l'intérieur de lui-même, le rongeait en sourdine mais il la contenait dignement, malgré quelques sursauts à la sonnerie du téléphone, à la vue d'une enveloppe sur le bureau. Clémence possédait tout un jeu de formules pour dire qu'il n'y avait rien de neuf. C'était elle qui devenait nerveuse, entendait partout des bruits, des musiques imaginaires et brusques, accords violents dans les notes basses avec un prolongement aigu et sifflant. Ils l'enveloppaient; pour s'en délivrer il lui fallait parler haut et fort, entendre sa propre voix. Elle cria ainsi « VILLADERDA » au milieu d'un escalier, dans le métro. D'autres mots incongrus sortaient de sa bouche telles des bulles. Plusieurs fois, Villaderda la surprit le visage au-dessus de la radio hurlante, comme pour en recevoir un jet de musique.

— Qu'est-ce que tu fais là? Clémence, mais qu'est-ce qu'il y a?

A six heures, un soir, elle était sortie et revenue aussitôt, le visage tragique. Quelques minutes auparavant, elle rangeait tous ses papiers, tranquille et silencieuse.

— Quoi que tu me reproches un jour de juste ou d'injuste, sache-le, je n'ai jamais souhaité être ailleurs qu'à ton côté.

— Mais pourquoi dis-tu ça? Et qu'est-ce que c'est, ce cinéma, ce charabia? Explique-toi!

— Je te le dis maintenant parce qu'après, dans la crise, tu ne m'écouteras pas.

— J'ai des crises? Je vais avoir une crise?

Ce qu'elle venait de lui dire ne correspondait pas à ce qu'elle voulait exprimer. Elle savait combien il lui coûtait de végéter, inutile, dans l'attente, elle devinait son impatience et sa fébrilité. Villaderda se sentit mortifié. Ni impatient ni inquiet, affirma-t-il. Mais par contre il la trouvait singulièrement angoissée. Craignait-elle tant que l'affaire coule et qu'on les remercie? Lui-même? Eh bien il commençait d'être las. Ce travail ne l'intéressait plus. Il y avait tant à faire ailleurs.

— Et je n'ai pas de crise, et si tu veux bien être juste tu te souviendras qu'à chacune de mes colères il y avait une raison : toi ou tes dissimulations ou tes maladresses ou ton indifférence. Éloy savait que nous travaillions jour et nuit. Comment, si ce n'est par toi? De vive voix? au téléphone? Je l'ignore, tu ne m'en as jamais parlé. Pas de remerciements pour la prime que je t'ai obtenue! Tu viens de me dire : « Je n'ai jamais souhaité être ailleurs qu'à ton côté. » Bien. Nous verrons. Le moment de vérité approche. Je suis fatigué des mots.

La fenêtre ouverte et les diagonales de pluie qui glissaient sur leurs yeux. La carafe humide s'égouttant sur le journal déplié quand il avait bu au goulot. Il était là, le point de départ, dans cet instant unique et déjà mort, moins savoureux que ne le deviendrait sa projection dans la mémoire. Aujourd'hui sa coloration reste incertaine. Rien ne se passe encore. Par précaution, Clémence ne voit plus Éloy. Elle regrette le café de la Chapelle et les amitiés d'un quart d'heure qu'elle y nouait, la gaieté d'Éloy, la cuisine embuée. Pour distraction il lui reste le Prisunic des Pyramides. Elle y passe une heure, celle du repas. Les objets la réconfortent, elle s'enroule et s'étale dans la musique fracassante qui glisse et coule sur les piliers en glace. Ici se multiplient et se déploient les angles cachés de l'envie. Elle questionne parfois une vendeuse, sans autre but que de parler à quelqu'un, d'entendre une voix inconnue. Villaderda est à nouveau muet. Il traîne tard au bureau, s'imaginant que Meunier ou quelque autre l'appellera. De leur décision dépendra la sienne. Il hésite à retourner au Bulletin si sa position au bureau doit se consolider. Ni Meunier ni les autres ne garderaient un directeur aux activités doubles et troubles. Du bar Saint-Roch au tabac de la rue Vivienne, douze étapes. L'espoir de trouver à la suivante un impossible bien-être, un signe du destin, une bouche en forme d'oracle.

Jeux de lignes. Deux obliques; elles s'en vont au même rythme et parallèles. L'ascendante : crescendo prévisible et imprévu, mouvements, manifestes, grèves, procès; et la descendante, des rêves fous sur le repos et la sécurité.

Il aura tenu un peu plus longtemps mais comme quelques autres il s'est laissé avoir. Il a eu peur dans cette société où se communique comme une gale la terreur du lendemain. Peur d'être un vieil exilé minable. Il s'est vu gris, jaune, voûté, blanc. Il a vu les hôtels sordides, les regards méfiants. Il a eu peur d'aboutir à la Campa, de taper les plus jeunes, « une petite cigarette, tu me payes un café? tu peux... un petit billet? » Encore un instant, a-t-il envie de dire à la ligne ascendante. Un instant de répit. Il s'est pourtant méfié de l'espérance. Cette affaire, il l'a organisée avec tout son acquis : l'ordre et la méthode, comme un combat. Il attend son verre, il pense à Éloy. « Nous passerons à l'action directe. » Il ne peut pas être d'accord. Intuitivement il est contre, mais il envie Éloy. Non pour sa jeunesse, son ardeur et cætera. Il n'arrive pas à en formuler la raison. Cela le ramène à des images déjà vieilles, au stock de souvenirs pas encore entamés, soigneusement bouclés. En Belgique encore. Il avait fait connaissance d'un garçon généreux et rieur qui parfois l'emmenait chez lui. Un dîner gratuit, une soirée occupée. Et ces quatre personnes qui le nourrissaient — les

parents et la sœur — suppliaient chaque fois :
« Racontez-nous des souvenirs », ne comprenaient pas
que c'était lui, Villaderda, qui avait besoin d'entendre raconter. N'importe quoi, des histoires domestiques! A cette époque-là ne lui appartenaient plus
que ses souvenirs, bagage inusable, sa dernière possession. Et la sœur pouvait insister avec son sourire
sensuel, jamais il ne leur avait fait don d'une seule
image. On trouve ainsi des hommes, arrivage frais
d'Espagne ou du Portugal, qui refusent de donner
leur nom à ceux qui par sympathie leur adressent
quelques mots. Leur nom, première et dernière
possession.

De café en café il récapitule sans progresser.
L'affaire marche, je reste à sa tête, compromis
avec le Bulletin. Elle ne marche plus, je dois assurer
ma vie ici même. Comment?

Le matin il arrive au bureau ponctuellement,
à neuf heures, malgré sa tête lourde et son besoin
de sommeil. Quatre-vingt-onze demandes pour la
méthode UN. Il en aurait fallu cinq mille. Que fera
Clémence? Plusieurs fois elle a dit... mais peut-il se
fier à des mots? Il cherche alors à l'éprouver, la
questionne à diverses reprises, honteux à la fin de
sa propre insistance. Il lui demande un matin
pendant qu'il réchauffe le café : « Je me trouverais
tout à coup sans ressources, tu vois ce que je veux
dire? »

— Nous en avons déjà parlé : je travaillerais!
— Tu sais de quel nom on appelle cela ici?
— Oui. Mais je suis d'accord pour une révolution
du vocabulaire.

Il est momentanément rassuré. Pas pour longtemps. Il l'observe en douce. Chaque défaut qu'il lui découvre le rassure. Il la souhaiterait grise et triste comme le matin de l'incendie à la Campa. Tout de même il avait été touché par le dessin de son visage et la façon dont elle tirait ses cheveux châtains qui malgré cela sortaient de l'élastique. Elle a grossi, sa peau blanche prend plus d'éclat encore, ses yeux par contre sont rouges et cernés et petits et fripés. (N'a-t-elle pas, il ne sait plus, une mère alcoolique?) Mais leur fixité les rend presque sensuels. Elle demeure morne, embarrassée, sans aisance et la coiffure qu'il lui impose au bureau durcit sa figure, en révèle chaque imperfection.

A demi rassuré. Fatigué. S'en remettre à quelqu'un de sa vie. Il exige de Clémence qu'elle s'explique et prouve sa sincérité. Un mot le calme aujourd'hui. Demain il ne sera plus que dérisoire et puéril. Trop sceptique pour se reposer sur de vagues apaisements. Des actes. Qu'elle assume désormais les charges de leur existence. Il verra comment elle s'en tire. Clémence paiera leur chambre et bientôt leur nourriture entière. Rassuré? Pendant quatre jours. Il rentre tôt, dîne, boit de l'eau et commente pour elle les informations du soir. *La gauche phalangiste attaque à nouveau les groupes de pression qui auraient opéré une véritable séquestration de l'État.*

Les ennemis de nos ennemis sont nos amis.

On se montrera exigeants plus tard.

Dix condamnations prononcées par deux conseils de guerre — et les imbéciles qui parlaient de changement, de libéralisation, de réconciliation. De reddition, oui!

Et le 4 avril : *Manuel Aranstre Muñoz — 12 ans de prison*. Il avait donné asile à Grimau. Il a connu celui-ci de loin. Ils sont d'âges proches. Un froid subit. Les murs de la chambre laissent passer la pluie dure du dehors. La rigueur ancienne relève la tête. La dureté sans concession. Il a lu quelque part cette phrase : « fraîcheur d'âme retrouvée. » Pas fraîcheur mais froideur d'âme. Pas d'accommodements. Il se sent à l'aise dans les époques dures. Le système l'a sérieusement entamé. Plus vite et davantage que les autres. Une concession, une seule, et c'est le commencement de la décomposition lente.

Au Limbourg hollandais 300 mineurs espagnols licenciés. Ils s'étaient mis en grève pour protester contre leurs conditions de logement et de nourriture. Ils pourraient être renvoyés dans leur pays.

Commence alors une espèce de danse folle qu'il exécute en ricanant de lui-même. Tentatives de séduction, ridicules essais de charme d'une subtilité douteuse. Il recherche et invite les connaissances de Bruxelles, parle de la nécessité d'un « réseau de relations », courtise les femmes. A l'une d'elles il écrit : « Venu ici pour d'autres motifs que la visite d'une galerie d'art, j'ai eu la très agréable joie d'admirer, de m'ébahir devant ces véritables chefs-d'œuvre. Mes très sincères compliments et mes souhaits d'une prochaine rencontre... » Clémence a trouvé le brouillon qu'il a passé un quart d'heure à rédiger, recommencer, recopier. Mais d'autres questions la préoccupent. Elle a décousu la doublure de son manteau et retiré cent francs de l'ourlet. La chambre coûte cher, son salaire a fondu. Villaderda triomphe. « Tu vois ! les promesses dangereuses ! » Il accule Clémence et la pousse :

« Mais enfin imagine! toi, moi dans une ville étrangère. Toi, dans l'impossibilité de travailler. » Il multiplie les catastrophes, il veut l'entendre avouer : « Oui, tu as raison, il n'y a pas de solution. » Qu'elle cache donc sa figure dans ses mains en hurlant au désespoir! Placide, elle remonte à la surface.

Par arrêté du ministère de l'Intérieur la revue Nueva Senda, *bulletin de la Fédération ibérique des jeunesses libertaires en exil, éditée à Toulouse, est désormais interdite sur l'ensemble du territoire.*

Ce 9 avril, c'est Clémence qui lit la nouvelle. Il enregistre la quatre-vingt-onzième inscription à la méthode numéro Un.

— Depuis quand n'as-tu pas vu Éloy?
— Depuis si longtemps!

Elle ne ment pas. Elle garde Éloy comme la dernière bouffée d'air. Un espoir en réserve. Le matin, entre la rue Vivienne et la rue Saint-Honoré, elle se retrouve dans le corridor du Novaprix. Quelquefois Villaderda lui dit : « Je pars avec toi. » Ils ne se quittent plus, rentrent ensemble. Il s'endort, les cheveux de Clémence entre ses doigts.

Est-ce que je l'aime encore? s'est-elle demandé hier. Aimer quelqu'un, cela veut dire quoi? Ces distinctions subtiles viendront après. Après quoi? Il ne peut manquer d'arriver quelque chose. Inutile d'aller plus vite que le temps.

Le procès de Grimau est annoncé pour le 18. La veille, Villaderda lit que les négociations espagnoles en valeurs mobilières ont atteint pour 1962 un total de 20 295 millions de pesetas.

Il entre dans un délire dont il reste conscient. Clémence a réponse à tout. On verra bien.

— Clémence, as-tu pensé à la prostitution? En serais-tu capable?

Il l'a toujours eue en horreur. Il garde au fond de sa mémoire la vision de ces figures en arc-en-ciel déformées par la lumière crue des ruelles. De toutes les prostituées, celles de la Méditerranée sont les plus laides, les plus suantes, les plus grotesques, les plus misérables. Clémence ne répond pas. Il insiste. Elle se dérobe.

Il se sent mortifié. Il a presque envie de lui souffler : « Dis oui, je n'en veux pas davantage, nous arriverons ainsi à la limite du jeu. » Le lendemain matin il revient à la charge. Elle développe tous les arguments qu'il connaît déjà. Ce sont les siens. « Je travaillerais », répète-t-elle en refrain.

— Voilà! et nous habiterions au *Strasbourg Hôtel* pendant les vaches grasses, à la Campa le reste du temps!

— Que veux-tu, je n'ai pas l'âme d'une putain, lance-t-elle, excédée.

— Ce n'est pas l'âme qui te manque mais l'art. L'art!

Après cela, elle a pensé : la journée sera dure. C'est un homme différent qui arrive au bureau. La conversation du matin a-t-elle jamais existé? Éloy téléphone ce jour-là. Villaderda répond avec froideur : « Les activités du bureau ne me permettent pas de placer une épingle dans mon emploi du temps. » Il a parlé en français. Éloy raccroche. « L'imbécile! avec mon passé il n'imagine donc pas que la ligne

puisse être surveillée? » Clémence est pâle. La nuit
dernière, étendue contre Villaderda qui dormait
écrasé par les somnifères, elle a préparé l'argumen-
tation qu'elle lui développera le matin. Il aime
jusqu'au vice la discussion serrée, l'affrontement
des idées, les phrases bien balancées, les mots qui
font mouche. Clémence a retenu les leçons mais d'un
mot cinglant il l'a mise à terre. Un jour prochain elle
ira voir Éloy. Quand elle entrera dans le café, il fera
des doigts un petit signe désinvolte, le représentant
poussera du pied la serviette de la culture universelle,
comme il dit, et la serveuse rose, l'œil vague et cerné,
poussera vers elle un demi coulant.

Villaderda lit tous les journaux, ceux du matin
et ceux du soir. Les récits se recoupent. Il voit dis-
tinctement la salle, le tribunal, les juges, les lumières
au-dessus du grand crucifix. Protestations et manifestations dans toute l'Europe. A Paris, les syndi-
cats sortent un communiqué. Ce soir, Clémence et
lui rentrent à pied. Chaque vitrine l'étonne, il s'arrête
et fixe ces objets qu'il n'a jamais vus auparavant.
La rue l'éblouit; devant les lampadaires du Palais-
Royal, il s'immobilise et dit : « Marchons dans
Paris, voyons d'autres lumières. » Quelques mètres
plus loin il renonce. Ce seront des rues, encore des
rues. Il a besoin de retrouver la chambre. Tout de
suite. De palper les objets. Voici Clémence qui tend
le drap fripé du lit. Un projecteur balaie le ciel de
Paris et l'éclair passe devant la fenêtre.

— Tu n'iras pas à l'ambassade?
Villaderda répondit non. L'imaginait-elle dans
une manifestation qui risquait d'être houleuse?

On le ramasserait, par exemple, à quoi cela servirait-il ? Sa situation présente, Meunier... « Oui, oui, je suis réaliste ! »

— J'irai seule !

Partie trop tard elle resta bloquée avenue Montaigne. De loin elle distinguait les pancartes LIBERTAD PARA GRIMAU portées par des manifestants qui paraissaient jeunes. Rue du Boccador où elle se trouva refoulée, des groupes de travailleurs espagnols discutaient sur la meilleure façon de parvenir à l'ambassade. Certains devaient manifester pour la première fois de leur vie. Toute leur enfance, on leur avait appris que leur condition était irrémédiable et nécessaire. De Paris ils découvraient une autre Espagne, vivante et combative. Au-dessus de leurs têtes, la ligne noire des hautes maisons se découpait sur le ciel encore clair. Un halo vaporeux surmontait cette ligne et Clémence perdit du temps à le suivre des yeux. Il s'arrêtait net contre des nuages qui commençaient de se rassembler. Elle se faufila parmi les curieux et les prudents qui jugeaient dangereux d'avancer. La police gardait l'ambassade. Déjà s'avançaient quelques garçons chargés de cailloux arrachés d'un terre-plein tout proche. Clémence ne vit plus rien, prise dans la bousculade qui suivit la charge des gendarmes mobiles. Elle ressentit quelque gêne à courir et crut qu'elle avait reçu un coup. Elle avait seulement perdu l'une de ses chaussures. Quelqu'un dit qu'on vérifiait les identités au métro Alma. Son unique soulier lui vaudrait peut-être des ennuis, elle rejoignit le quai et marcha un long moment. Villaderda l'attendait, assis sur le lit et grignotant du pain. Elle raconta ce qu'elle avait vu, la foule agglutinée.

— Cinq mille, dit la radio.

— Cinq mille! Clémence haussa les épaules. Jusqu'aux Champs-Élysées! des types jeunes sont arrivés avec des pierres.

— Les copains d'Éloy!

— Beaucoup de jeunes émigrés des banlieues.

— Ça c'est bon, apprécia-t-il.

Pour le reste, le procès, le verdict, il se montrait pessimiste, ne croyant ni aux manifestations ni aux appels à la grâce. « Ça me fait un peu mal », dit-il au bout d'un moment. Clémence devinait à quel point. Sa tendresse, sa douceur : il mit la table, débarrassa, la fit coucher — « Tu es fatiguée » — donnaient la mesure de l'émotion qui l'avait saisi. Il embrassa Clémence sur la joue puis sur le bras. Il laissa pour seul éclairage le tableau du transistor qui jouait en sourdine. A une heure il l'éteignit. Les dernières nouvelles n'apportaient aucune information nouvelle.

Le 20 avril à quatre heures trente, Julian Grimau fut exécuté. Villaderda remit son pardessus pour se rendre au bureau. La journée s'annonçait froide. Ce matin-là, Meunier le fit appeler.

— Monsieur Meunier, aujourd'hui est pour moi un jour de deuil. Je reste au bureau mais, si vous le voulez bien, remettons cet entretien à lundi.

Meunier ne savait rien, il n'avait pas suivi l'affaire.

— Mais c'était un communiste? questionna-t-il pour expliquer son ignorance.

Dans le journal de l'après-midi on parlait d'indignation et de protestations. Suivait l'annonce d'un rassemblement pour le mardi suivant.

— Une petite information, écoute, Clémence!

Le ministre des Finances du gouvernement — français — *discute à Paris d'un prêt à l'Espagne.* Voilà, c'est tout! pour ton enseignement.

— Oui, mais l'U.R.S.S. réagira!

— Tu ne sais pas encore distinguer entre l'État et le parti! Un État ne peut agir comme un parti.

— Alors rien ne sera jamais possible?

— Il faut en tenir compte, c'est tout. Ne pas rêver!

Villaderda parlait à voix basse et ce soir-là il but plusieurs carafes d'eau.

Jusqu'au début du mois de mai se sont prolongés les remous nés de l'assassinat de Grimau.

— *Quelques organisations syndicales en exil ont regretté le silence du gouvernement français.* Il est temps qu'elles regrettent. Un silence de vingt-quatre ans!

Pendant quelques jours les activités du bureau reprennent vie.

— Tu vois, il faut espérer. Je suis sûre que cette affaire marchera. Il faut du temps.

— Juste ce que je n'ai plus! A l'approche des vacances, les libraires s'approvisionnent en méthodes rapides, rien de plus! Ni les entreprises ni les mairies n'ont donné suite à mes démarches!

— Tu peux penser qu'il y aura beaucoup de touristes en Espagne cet été?

GABRIELLE

Je ne lirai pas son adaptation, avait-elle pensé. Un soir, inactive et morose, Gabrielle parcourt quelques pages dans ce qu'il a intitulé « deuxième décor : la chambre ». Une histoire différente, vue par l'œil d'un étranger. Du retour de Bruxelles à l'achèvement du récit, décor unique, ainsi en a tranché Simon. Que sont devenus les aller-retour rue Saint-Honoré — rue Vivienne, la cuisine d'Éloy, ses odeurs d'épices, le café Saint-Roch, refuge préféré de Villaderda? Des mots. Débités à pleines tirades pour Villaderda, pour Clémence, réduits et comptés. Sur la scène elle parlera moins encore que dans le récit de Gabrielle.

Ainsi Clémence devient une troisième personne. D'abord existait Gabrielle qui a traversé une certaine histoire avec un homme qui ne s'appelait pas Villaderda. Une histoire qu'elle a rapportée pour tenter de comprendre pourquoi et comment elle s'était achevée. Changeant les détails, ce qui n'enlevait ni n'ajoutait rien, ce qui permettait une recréation dans l'ajustage patient des phrases; éliminant toutes les considérations sur elle-même, sur Villaderda, raturant tous les « elle pensait que, elle sentait que », juxtaposant image après image avec les mots les plus incolores, les plus neutres, les plus impersonnels. De ce procédé elle avait attendu une photographie ressemblante et fidèle, et le résultat se révélait différent. Impossible de se pencher sur le récit comme devant un miroir. L'assemblage donnait vie à une autre personne. « Étais-je donc celle-là? » Non, pas plus que le reflet brouillé dans une flaque de pluie ne donnait un juste contour du promeneur penché sur elle. Clémence n'était que l'image regardée par Villaderda. En retrouvant chacun des angles d'où il l'apercevait, Gabrielle aboutissait à ce personnage autre qui avait prononcé les mêmes mots qu'elle, accompli les mêmes gestes, tels que Villaderda les garderait en sa mémoire. Clémence avait été peinte de sa place à lui. Et maintenant par l'œil de Simon surgissait une autre Clémence, aussi distante de Gabrielle que la première. De cette multiplication faussée d'elle-même, Gabrielle tirait un plaisir trouble. Elle n'en finissait pas de ressembler à ces tapisseries aux motifs de couleurs et de formes différentes. Ils se chevauchent. Selon le regard qui les fixe ils deviennent tour à tour le fond sur lequel se détachent les autres.

VILLADERDA

Il redevient anxieux. Maintenant la partie est perdue, il le sent. Il vit un simple sursis. Mais un matin, Meunier téléphonera, annoncera sa visite... Il redoute le téléphone autant qu'il l'a guetté. La sonnerie réveille sa hargne. Clémence est trop lente à répondre. Toute son amertume se cristallise sur elle. Soudainement, il est fatigué de la voir à son côté, spectatrice de son impuissance et de son échec. Il respire lorsqu'il la découvre en faute. Un soir, une subite bouffée de grâce : il propose de se retrouver dans un café qu'il connaît bien, « disons à huit heures, jusque-là j'ai à faire. Pas d'effusions, bien entendu ! » Il n'est pas trop en retard. Les lumières de la terrasse viennent de s'allumer, la nuit et la ville se mélangent, il faut à cette heure marcher seul sans tête ni mémoire. Il avance et inspecte les tables. Entre la verdure des caisses, Clémence apparaît. Sur son chemisier blanc se dessinent les ombres des feuillages. Dans ses cheveux un géranium. Il recule et fixe la fleur rouge. L'a-t-elle mise pour attirer les regards, se singulariser? Il ne veut pas la rejoindre. Elle attendra seule jusqu'au moment où d'un autre bar il la fait appeler. Elle se lève. Croît son inquiétude. « Je reste dehors, tu peux rentrer ou marcher toute la nuit. » Il a raccroché. Clémence retourne à sa table pour y ramasser son journal. La table est occupée. Une femme s'installe, une femme à la chevelure fleurie. Les géraniums de la balustrade semblent piqués dans sa coiffure. Quand elle bouge, la fleur rougit sa joue ou son oreille.

Elle refuse d'avouer, parle d'illusion d'optique. Illusion d'optique, elle se moque de lui!
C'est l'idée qui revient le plus souvent dans ses délires. La faire avouer! Il mange peu et boit beaucoup. Un samedi, Éloy téléphone. Clémence est à la poste. Il voulait l'inviter pour le lendemain, pour les vingt ans de Pilar.
— Dis-lui bien qu'elle peut venir quand elle veut. A la Chapelle aussi. Et qu'elle a le bonjour du représentant.
Villaderda procède à l'addition des faits. Avec méticulosité il les inscrit sur un papier.

Un tour au bureau le matin. Constatation du néant. Retour à trois heures et, jusqu'à six, surveillance du téléphone, car maintenant il se méfie d'elle. Que serait-elle capable de répondre si Meunier par exemple téléphonait? A six heures, il respire. Elle s'en va, il redescend. Jusqu'au lendemain elle ne peut plus nuire. Comme il la réveille quand il rentre, elle a pris l'habitude de lire tard pour éviter l'insupportable sursaut, la lumière, sa voix, ses questions. Dès qu'il pousse une porte, celle de la chambre ou du bureau, elle se sent coupable. Soulagée dans le même temps. N'importe quoi peut lui arriver à l'extérieur. Il ressemble à quelque végétation compliquée dont les feuilles s'entrelacent et s'étranglent.

— Qui est-ce qui met dans toutes ses phrases « terminé »? Terminé deux fois? Terminé! Prophétique, non? C'est notre ami Éloy! Que tu rencontrais sans me le dire!

— Veux-tu que nous parlions?

— Parler avec toi? Le mensonge me fait horreur, mais ce qui est derrière — la raison profonde du mensonge — me fait peur! — Il prend un sac et y range des objets de toilette. — Je pars!

Il est deux ou trois heures. Où irait-il? Son ivresse est visible. Phrases qui s'effilochent, la voix baisse, il tombe, s'endort. Clémence rallume la veilleuse, le sommeil s'est enfui.

Valise piégée dans un avion de la Cie Iberia.
— A qui penses-tu?
— Je ne sais pas.
— Éloy ne t'a jamais parlé d'action directe?
— Oui, quelquefois.
— Tu n'as pas compris les raisons de son amitié pour toi? S'informer de moi à travers toi. Il t'a sûrement questionnée.
— Éloy me connaissait avant et je crois en son amitié.
— Il faudrait que je m'en remette à une femme aussi crédule, facile à berner? Ta confiance m'exaspère.

Il est descendu au Saint-Roch pour réfléchir à l'information. Il y vient peu, une heure par jour seulement. Ici il est un directeur, il ne doit pas disposer de trop de loisirs. Deux filles au comptoir boivent un crème. Leurs cheveux sont enfermés dans

des capuches de nylon. Il pleut. Juin est semblable
à mai, aussi mouillé que mars. Ce n'est pas déplaisant. On s'enfonce dans l'averse. Personne ne remarque personne. Les filles portent des jupes amphores
resserrées au mollet. Le mur est blanc laqué, la bière
coule de la machine à pression. La voici dans sa
bouche, jamais assez fraîche pour sa soif. Dimanche
prochain, s'il ne pleut pas, il tiendra sa promesse
d'emmener Clémence à la campagne. Elle a parfois
des phrases malheureuses. Hier, parlant du bureau,
n'a-t-elle pas dit : « Cette pièce sans air »? Il lui
manque peut-être l'air de la Campa! Ils emporteront
des provisions. Le garçon mange sur un coin de table
derrière la porte. Cette vie sans relief colle maintenant à lui. Une deuxième peau derrière laquelle
sommeille, recroquevillée, son ancienne existence.
Pas le courage de passer à l'étape suivante. En cette
minute, toutes les lâchetés lui deviennent aisées. Il
abjure, prête serment d'allégeance.

Ce même soir il est invité. Un anniversaire quelconque d'un organisme quelconque. Très entouré.
« Monsieur Villaderda, cette histoire de valise
piégée... votre tourisme risque de s'en ressentir. »
Il sursaute : « Votre tourisme »!

« Leur tourisme », a-t-il envie de rectifier. Cette
assimilation blessante le frappe à la tempe, entre les
yeux, mais sa bouche reste morte, il se tait, sourit
et sort. Lorsqu'il arrive à la porte de la chambre,
la nuit est déjà avancée. Clémence dort, la veilleuse
éclaire insuffisamment, il trébuche et lance du bout
du pied les objets qui le gênent.

— Debout, Clémence!

Elle ne s'affole pas. Apparemment il est calme,
sa voix reste nette, il sourit comme s'il apportait

une heureuse surprise. « Demain, pense-t-elle, je partirai. » Il ne s'agit que d'attendre le jour.

— Qui va, qui va, et qui ne finit pas. Qu'est-ce qui va et ne finit pas? Tu ne connais pas la chanson? C'est la route! qui va et ne finit pas... au rythme de mes pas! C'est ma chanson. La route qui va et qui ne finit pas. On croit que je finis? non, toujours là... Je suis celle qui passe. Celle qui passe, n'est-ce pas, Clémence, rien d'autre que celle qui passe. Tu peux te coucher!

Meunier appelle. Clémence répond.
— Il avait un rendez-vous important...
— ... un petit bilan des activités de mai.

Ce jour-là, Villaderda reste invisible. Il a imaginé le silence du bureau, le tête-à-tête impossible. Soleil aujourd'hui, soleil partout. Et s'il donnait sa démission? Une sortie digne. Et après? Il a derrière lui trente ans de fierté gratuite. Il restera, même s'il ne sauve que quelques mois. D'ici là...

Ramon Ormazabal arrêté à Bilbao vient d'être condamné à 20 ans de prison.

La grande réconciliation! Il reprendra la valise. Toulouse, Tarbes, les puits du Nord, la Lorraine.

Au col de Lizarella, arrestation d'un groupe de Portugais clandestins.

Vertige. Les vies parallèles. Chaussé sur deux skis qui glisseraient en sens contraire.

Chaque nuit maintenant, il réveille Clémence. Presque toujours de la même façon.
— Debout, Clémence!

Il se vide alors. Il a découvert un mot : « épave ». Il développe. Avant lui, qu'était-elle? ou bien, qu'allait-elle devenir? A cela qu'a-t-elle à répondre? Qu'imagine-t-elle? Toutes ses dissimulations, il les connaît. Sous la pile des registres il a découvert les petits livres qu'elle achète. Espère-t-elle s'instruire, arriver? Vaniteuse épave! *Histoire de demain. La psychanalyse. L'État d'Israël.*

Son rire monte. *Les relations humaines. Vie et mort des mots. Les vitamines.*

— Dans la collection « Que sais-je » il y a huit cents titres. Tu espères quoi? Tu n'es ni la première ni la dernière qui a essayé. Hors circuit à jamais!

Ou bien, entrant ivre, il la fixe goguenard et par dérision se fait suppliant.

— Pitié, Clémence! clémence, Clémence! Mais n'avais-tu pas aussi une maman qui buvait un peu?

C'est devenu un rituel.

— Debout, Clémence!

Et qu'elle se lève avec sa même figure — elle avait dénoué une écharpe de laine, le visage s'était alors recomposé avec son architecture complète, base osseuse et front large, elle avait dit « il fait bon ici », elle portait sur sa blouse de travail trois gilets trop grands, elle avait bu son café en vitesse —, sa même inexpression, ne parvient pas à l'arrêter. La lecture du réquisitoire. La destruction des illusions.

— L'amitié d'Éloy, par exemple. Je l'ai vu hier, Éloy. Oui, vu. Sais-tu ce qu'il m'a dit? Il te trouve un peu nouille. Nouille, Éloy ton ami!

Sur un carnet il note les pensées qui le traversent pendant ses voyages de café en café. Lorsque, à la nuit, il regagne la chambre, il en fait pour Clémence la lecture commentée.

Et certains jours, il se réveille apaisé, décide : « Je

ne bois plus », retrouve le chemin du bureau, lit les brouillons préparés par Clémence, consent à les trouver bons.

Ils partent même un dimanche matin par le train de Versailles. Longue marche depuis la gare de Viroflay vers les bois solitaires. Les herbes sont là et les arbres et les ombres en touches alanguies. Bourdonnement de chaleur, insectes invisibles et mouches agglutinées. La volupté espérée se fait attendre. La nature reste lointaine, inaccessible, inodore. Pour enjamber les bosses des prés, Villaderda roule les bords de son pantalon. « L'herbe tache, c'est bien connu. » Continuant d'avancer, il soupire : « pas même un bistrot ! » La nature quitte Clémence. Il ne s'agissait que d'une cristallisation erronée. Elle a rêvé un jour devant un autocar stoppé dans la rue de Rivoli. Sur les côtés, en lettres vertes : AULNAY-SOUS-BOIS. Sous-bois !...

Au café de la gare ils se reposent et Villaderda dans ce décor familier retrouve sa voix. Un train passe qui va vers Chartres.

— Clémence, m'aimes-tu? Je n'apprécie pas beaucoup ce mot, mais tu comprends ce que je veux dire. Il m'arrive d'être dur quand je découvre tes dissimulations stupides. Je finis par tout savoir. Et maladroites ! Je me cabre et j'amalgame. Je passe des jours terribles. En as-tu conscience?

— J'ai imaginé, figure-toi, que ces... brimades ne m'étaient pas toutes destinées. Le malheur est qu'elles passent à travers moi.

— Tu me juges lâche?

— Un peu. Comme les gens qui torturent, tu t'apitoies beaucoup sur toi-même. Je le sais, tu es malheureux.

— Et aussi simplement, tu te places hors de mon champ de tir?

— Pas aussi simplement.

— Je n'ai pas confiance en toi, tu vis à côté de moi une aventure personnelle.

— Je sais. Ta confiance viendra plus tard, bien plus tard.

— Nous vivrons donc ensemble assez longtemps? — Le train du retour vers Paris rentrait en gare.

— Certainement. Très longtemps! cria-t-elle.

— Les mots que je dis parfois, essaie de distinguer, l'état du moment...

— Ils ont fait beaucoup de ravages.

Le 24 juillet, 4 500 mineurs se mettent en grève dans le bassin des Asturies.

— La grève s'étend, Clémence. Aujourd'hui 11 000.

Deux charges de plastic explosent à Madrid.

— C'est la reconstitution des mailles du filet, nous y travaillons patiemment depuis vingt-trois ans.

Deux fois encore, Clémence a entendu ce grincement particulier de la serrure qu'il fouille malhabilement.

— Debout, Clémence! Je le sais maintenant, tu as peur de mes mots. Ils sont comme une glace, tu refuses de t'y regarder! — En posture d'écartelé il gît sur le lit. Clémence a suggéré le matin même : « Je pourrais prendre mes vacances en août puisqu'il n'y a pas trop de travail. » Il est resté muet.

— Je ne partirai pas en vacances, bien entendu, mais je pensais me reposer un peu.

Elle a donc besoin de se reposer. De quoi? Meunier a dit : « Je m'absente jusqu'au 5 septembre.

Assurez tout de même une permanence en août. »

Août est pluvieux comme juin. Ailleurs peut-être, le soleil. Il ne quitterait Paris pour aucune plage du monde.

— Clémence, écoute l'information que je viens de lire : *Affluence record de touristes en Espagne.*

Il ouvre son petit carnet, voit le geste apeuré de Clémence.

— Non. Ce n'est pas de moi, et il ne s'agit pas de toi. Un poème, je l'ai copié. Ma mémoire... Je le traduis pour toi.

> *Les jours de la vie sont*
> *amers à qui à force*
> *de souvenirs ne vit*
> *qu'une très longue attente.*

Mais je n'ai pas oublié la suite. Nous l'avions publiée dans le Bulletin.

> *Un jour quand tu seras*
> *libre de leur mensonge*
> *tu me chercheras. Mais*
> *que pourrait dire un mort?*

Puisque ce sont les vacances pour tous, tu peux reprendre tes petits livres. Tu n'en achètes plus?

— Fauchée, avoue Clémence.

La fenêtre est ouverte sur le silence de la cour.

Le gouverneur d'Oviedo fait fermer six puits de mine.

Et la froide nouvelle — a-t-elle été connue sur les plages, s'est-elle faufilée dans les tavernes entre les deux flamencos qui terminent le repas touristique?

DEUX ANARCHISTES CONDAMNÉS A MORT. LES JOURNALISTES N'ONT PAS ÉTÉ ADMIS AU PROCÈS PAR MANQUE DE PLACE.

Quinze août. Rayon de soleil sur Paris. Clémence revoit la rue de Strasbourg, les dimanches d'été. Sur le trottoir, les diagonales d'ombre. Anna se penchait à la fenêtre, annonçait : je vais sortir. Alors Clémence quittait ses vêtements pour s'allonger dans le petit trapèze de soleil couché sur la couverture.

LES DEUX ANARCHISTES ONT ÉTÉ EXÉCUTÉS AU GARROT. ILS AVAIENT TRENTE ANS.

LES DEUX ESPAGNOLS ÉTAIENT INNOCENTS, AFFIRME L'ORGANISME DES FÉDÉRATIONS ANARCHISTES IBÉRIQUES.

Le soir ils vont ensemble jusqu'à la rue de Rivoli, ils boivent un demi et rentrent à pied.

LA GRÈVE DES MINEURS ESPAGNOLS S'ÉTEND AU BASSIN DU LEÓN. Première page dans le journal du soir. Et quatre jours plus tard : LES MINEURS REFUSENT DE REPRENDRE LE TRAVAIL. LA SITUATION S'AGGRAVE LENTEMENT DANS LE BASSIN MINIER DES ASTURIES.

— Dimanche prochain j'irai voir le père d'Éloy. Je suis resté coupé des camarades depuis quelque temps.

Vérité douloureuse à lâcher. Là-bas, il retrouve d'anciens amis. Qui tous réprouvent le choix d'Éloy. Le vieux soutient son fils. Celui-ci reste invisible. On l'attendait à midi, il n'est pas venu. Villaderda expose ses vues. Il sent l'auditoire attentif. Il voudrait que Clémence surgisse, écoute et voie. Il est sur le chemin de se retrouver.

Clémence paraissait troublée.

— Il y a une nouvelle assez grave. Lis.

Une série d'opérations de police effectuées dans les milieux d'opposants espagnols — anarchistes plus particulièrement. Sur commission rogatoire, interpellation de plusieurs Espagnols dans la région parisienne et les villes du Midi.

— C'est très grave, dit Villaderda. Et plus encore que tu ne le crois. C'est le coup de canif dans le contrat d'hospitalité.

L'information le préoccupa un long moment. Mais il fallait à nouveau préparer des rapports, gonfler des comptes rendus de travail. Meunier passerait le 15. Il saurait donc ce jour-là sur quelle dent de la scie il allait se trouver désormais.

— D'Éloy?

— Je ne sais rien... Et si j'allais chez lui? Rien de moins suspect, je travaillais avec Pilar.

— On ne t'a que trop vu avec Éloy. Il est recherché. Je t'avais dit, attention! J'aime Éloy autant que tu peux l'aimer. Quand je dis autant que toi... peut-être y a-t-il en toi des sentiments inexprimés! Pour l'instant garde-toi de toute initiative. Je vis auprès de toi, ne l'oublie pas!

Soupçonnés de préparer depuis la France des opérations de sabotage... On avait donc lancé contre des réfugiés, appartenant pour la plupart à la Fédération ibérique des jeunesses libertaires, dix-sept mandats d'arrêt. Fermeture du siège de Toulouse qui avait, jusque-là, joui de la tolérance administrative.

Clémence lisait les protestations qui étaient venues, immédiates, et sa voix se brouillait quand, pour convaincre Villaderda, elle citait des phrases qui la rassuraient.

... *pensent que l'auteur de* L'Espoir *interviendra.*
... *rappellent que jusqu'à présent les réfugiés politiques avaient toujours trouvé en France un accueil favorable.*
... *violation du droit d'asile.*

Villaderda laissait couler son amertume.

— Mon tour viendra, je le pressens.

Mais Meunier s'annonça, chaleureux et disert. Il ne venait pas pour annoncer la fermeture d'Hispanicus, il critiquait aimablement, redressait quelques idées qui lui paraissaient fausses. Le commerce, la publicité, ça n'était pas la politique. Villaderda se replia davantage, s'enferra. Ce pouvait être la politique, et il commença de disserter là-dessus.

— Écoutez, interrompit Meunier, admettons que vous avez raison. Je serai direct.

Il jugeait que pour Villaderda, comme pour certains de ses amis, Paris n'était plus sain.

— Que voulez-vous dire?

— N'apparteniez-vous pas jadis à la C.N.T.? De là vous êtes passé...

— Monsieur Meunier, ne m'avez-vous pas dit que votre frère avait été déporté?

— A votre place je quitterais Paris. Je vous le dis par amitié. Convenons qu'à partir du 30 septembre... et tenez, nous sommes le 15, vous êtes souffrant...

— Je suis gênant!

— Oui, s'impatienta Meunier.

Il regrettait, il regrettait beaucoup, mais Villaderda devait comprendre, l'affaire lancée à gros frais ne pouvait supporter certains risques : son directeur interpellé, par exemple.

Meunier se leva. Villaderda ne bougeait pas.

— J'attends votre lettre, Villaderda. Et vous recevrez largement ce qui vous est dû.

Clémence frappait à la porte. Meunier, qui allait sortir, lui ouvrit.

— Bonsoir, Clémence. Tout va bien?

Il lui serra la main avec toute la chaleur qui lui était habituelle et sortit.

— Comment connaît-il ton prénom?

— Tu l'auras prononcé devant lui.

— Moi? jamais. Étrange qu'il t'appelle Clémence. Pourquoi cette familiarité?

Brusquement il se leva.

— Tu as raison de cultiver des relations utiles. Quant à moi, apprends-le, je ne suis plus rien ici.

Un tournoiement d'images. Prodiges dans le ciel, et chaos sur la terre. L'expulserait-on? On vient de le congédier : partez, Villaderda. Associations de malfaiteurs. Granados et Delgado suppliciés au garrot, Grimau fusillé. La Ve République rompt aujourd'hui sans gloire la tradition d'hospitalité. Bonjour, Clémence. A votre place je quitterais Paris. Les murs du Saint-Roch suintent l'hostilité. Où partirait-il? Il est Villaderda, un des premiers de la liste. Elle rencontrait Éloy, il n'en avait rien su. Elle lisait des livres qu'elle cachait sous le papier machine. Un pays qui pourchasse des proscrits politiques après leur avoir ouvert les bras. Sa vieille méfiance en défaut. Collusion avec le gouvernement franquiste. Collusion avec Meunier. N'a-t-elle pas un jour préparé seule un rapport demandé d'urgence? « Tu allais mal, tu venais moins au bureau, Meunier a téléphoné... » Qui, parmi ces gens attablés ici, le livrerait, l'expulserait? Ces gens qui boivent et le saluent sans le connaître. Aucun, bien sûr. Qui se souciera de lui si demain...? Aujourd'hui les libertaires, demain les communistes, immédiatement après, son tour viendra.

Il n'est pas rentré lorsque arrive Clémence. Elle a réfléchi. Elle le suivra, quittera le bureau. Ils laisseront cette chambre trop chère. Elle est inquiète, l'imagine écorché, repris par ses délires. Mais cette fois ses délires ont une consistance. « Ils peuvent très bien nous expulser, peut-être nous renvoyer là-bas, disait-il ce matin. Tout dépend des intérêts en jeu. » Drôle de coïncidence, il est aujourd'hui expulsé de la rue Saint-Honoré.

Le voici. D'un coup de pied il maintient la porte ouverte. Elle a peur. Toute indécision a disparu de son regard, il domine même son ivresse.

— Il vaudrait mieux que tu sortes, Clémence. Tu pourrais te faufiler sous mon bras ou entre mes jambes. Mais ça ne serait pas juste. Fini le jeu! la balançoire! Ton visage est un mensonge, il faut le détruire, faire œuvre de salubrité publique. Mes souffrances vont toucher à leur terme.

Inutile d'ouvrir la bouche. Sortir et fuir. Il a refermé la porte. Il ne tangue pas. Avec des gestes précis et vifs il commence à vider l'armoire.

— Je sais ta pensée, généreuse et chrétienne. Qu'à travers toi j'aperçois Meunier ou le monde entier. Non, Clémence, Meunier n'a rien à faire ici. Je suis lucide et déterminé.

Clémence tâche de glisser lentement vers le bord du lit. Il devine son geste, le prévient d'un coup sec du bras. Quelques secondes encore, cinq ou dix, et Villaderda se déchaînera. Elle saute, secoue la porte, l'ouvre. Il réalise qu'elle lui échappe et tente de retenir le bord de sa chemise. Dans l'escalier qui tourne, six étages en spirale, un corridor noir, la porte qui ne s'ouvre pas, mais elle s'est trompée, la minuterie, voici la lumière, elle manque de crier, ouvre enfin et court encore jusqu'au bout de la rue. Il faut aller quelque part. Les pavés sont froids. Par une porte entrouverte, elle aperçoit un corridor éclairé. Elle entre, il s'éteint. Au bout, une cour, un escalier. Sous l'escalier, une porte de cave fermée d'un simple crochet. Elle descend, tâtonne, s'assoit sur le sol, enroule ses pieds glacés dans le volant de sa chemise. « Je remonterai dans quelques heures. Il dormira. Ce sera le jour. Je m'habillerai. Je partirai. Chez Anna. »

Elle somnole, rêve d'Éloy, il veille un corps, celui de Villaderda. Elle sursaute, remonte l'escalier. Il ne fait pas encore jour, mais les voitures commencent à rouler. La rue est vide. La chambre aussi.

Il a laissé la porte ouverte. Elle la referme et considère le saccage. L'armoire vide est renversée. Sur le lit, les draps, en multiples morceaux. Les verres sont brisés, la glace également. Elle ne ressent même pas de colère. Elle avance. Le jour est trop neuf pour que l'on distingue les détails. Plus de lampes. Leurs carcasses pendent à la poignée de la fenêtre. Il a arraché les pages des livres, elles parsèment le sol comme les plumes d'oiseaux torturés. Ses vêtements ont disparu, il les a emportés. Plus de café ni de sucre, ils ont été renversés et piétinés. Plus de tasse ni de saladier. La mort de leur existence monte de ces décombres. Il a décloué les images du mur et inscrit à leur place, au crayon rouge, « certains yeux sont indignes de regarder le visage de la beauté ». Et plus loin, à la place où elle suspendait sa chemise : « Délivrance par la destruction. » La chambre vire au jaune, le soleil passe et disparaît. Sa jupe a échappé aux ciseaux par hasard. Rien d'autre. Par terre, entre le lit et la table, les morceaux de son manteau. Première émotion. Elle se baisse, l'ourlet pend, vide. Mais il y a épinglé un papier : « La pourriture universelle. A détruire. » Éparpillés, déchirés, irréparables, maculés, perdus, les morceaux, ici un nez, là un bras, le B de Banque, le 0 de 100, les morceaux des billets, l'argent, le moteur, le passeport, le tuteur, le papa, la nourrice, la raison et le but, le pain, le lait, la béquille, le mot de passe, l'argent. Regardant le pillage, elle n'avait pas bronché; aucune émotion violente; comment nettoyer tout ça? se demandait-elle. Et encore : l'imbécile, quelle rage inutile! Peut-être cet argent caché la sauvegardait-il d'éprouver haine ou rancœur? Il n'en reste rien. Elle n'a plus rien. Ni vêtements, ni nourriture, et rien de cela ne la touche. Mais l'argent réduit en confetti la fait hurler. Qu'il ait mal à son tour! Sous l'étagère basculée, elle ramasse un crayon, trouve au milieu des pages arrachées un papier blanc. L'injurier, le blesser. Les mots s'échappent. Elle en sait qui l'atteindront au cœur. Sa colère est maintenant une boule sensible et palpable qui va des mains au cerveau.

« Je ne te verrai plus. Ta haine t'empoisonne lentement, je crains la contagion. Je ne suis pas assez ignoble pour les accomplir aujourd'hui, mais si tu cherches à m'approcher, je deviendrai capable d'actes qui te priveront de ta liberté. » Il recevra cette lettre au bureau.

On frappe à la porte. Peut-être Villaderda. Elle froisse le papier, le glisse entre le matelas et le sommier. Sa haine chaude et neuve passe par-dessus la peur, elle entrouvre. Ce n'est qu'une femme qui lui détaille tous les bruits entendus dans la nuit. Elle dort au-dessous, elle a pensé alerter la police. Elle avait oublié les autres, les gens de la maison, les voisins. Explications improvisées de Clémence : C'est un ami, ils ont prêté la chambre, un ami rentré ivre sans doute.

— Un ami? le même peut-être qui vous faisait des scènes toutes les nuits!

Cette femme a le visage lisse de celles qui se lèvent tard, avalent du sommeil comme une drogue de jouvence. Elle doit dormir à plat et boire du jus de carotte.

Clémence s'allonge sur le lit. Un vide subit, une espèce de dépouillement soudain. De sa haine fraîche il ne reste rien. L'irruption de cette femme, « alerter la police » a-t-elle dit. « Il vous faisait des scènes chaque nuit. »

Il faut ramasser tout ça, pense-t-elle. Seulement.

Avec le haut de sa chemise elle fabriqua une sorte de blouse, après quoi elle se coucha et s'endormit. Quand elle se réveilla, elle avait soif et but au robinet. Il n'y avait rien à manger. Cherchant autour de son sac renversé, elle découvrit un peu plus de trois francs et descendit acheter du pain. Elle appela aussi le *Strasbourg Hôtel*. Anna n'y habitait plus depuis un mois. Elle ne travaillait plus à Novaprix. La fraîcheur du soir se faisait vive. Il ne lui restait aucun lainage. Elle prit le journal et une bougie puis remonta prestement. Tant qu'il restait un peu de jour, elle parcourut le journal. Les protestations continuaient et de nombreuses organisations envisageaient de manifester. Quand arriva la nuit, elle alluma la bougie. La porte allait s'ouvrir et Villaderda entrer, comme la veille. Mais aller où? chez qui? Il lui restait quarante centimes. Et Villaderda, où se trouvait-il?

Maintenant il fallait se mettre au travail. Pour éviter de se blesser elle entortilla ses mains dans les morceaux du drap et commença de ramasser les brisures. Sous la flamme de la bougie elles scintillaient. Dans la bassine, elle avait disposé une couche de journaux pour étouffer le bruit du verre. Elle fit neuf voyages entre la chambre et les poubelles que le concierge sortait chaque soir. Restaient les inscriptions des murs. Avec de l'eau savonneuse elle réussit à les atténuer. Mais dans les recoins de la chambre, elle découvrit d'autres éclats de verre. Le matin suivant fut occupé au nettoyage des carreaux du sol. Elle essaya de redresser quelques objets mutilés... Par une radio assez proche elle savait l'heure. Mais parfois, lâchant la brosse ou le balai, elle se jetait sur le lit pour organiser ses idées. Où était donc Villaderda? Au bureau sans aucun doute. Il y avait sûrement dormi. Elle devait s'y rendre.

A la fin de ces deux journées passées dans cette chambre, il ne restait plus en elle la moindre trace de colère. Les efforts physiques, les douleurs du dos rapportées de la cave, la fatigue avaient peut-être atténué toute autre force de sentiment. Peu à peu se précise le dessin du parcours accompli. Son premier réflexe, cette lettre, la menace (on pouvait en ce moment se saisir de lui comme des six autres qu'on venait de mettre à la Santé), un mouvement sans suite, mais elle en avait donc été capable. Villaderda ne se trompait pas quand il se méfiait de tous. Elle n'avait pas bronché quand il déversait sur elle toute sa haine d'un monde pourri. Les objets brisés, sa fureur qui aurait pu devenir meurtrière, elle les comprenait, les oubliait. Mais pour quatre cents francs, un désir de vengeance avait pu se lever en elle. En elle, qui avait partagé le lit de Villaderda, qui s'était identifiée à lui jusqu'à tolérer ses délires.

Il fallait joindre Villaderda. Dans l'après-midi elle se rendit au bureau à pied et les bras nus. Il tombait une pluie molle et fraîche. Beaucoup de gens étonnés par la légèreté de sa tenue la dévisagèrent. Personne au bureau. Elle en avait la clé. En homme conscient de l'importance des choses, il n'avait épargné que deux objets, ses clés et ses papiers d'identité. Étrange respect qui dessinait bien son caractère. Depuis la journée du 15, personne n'avait poussé la porte du bureau. Il gardait dans une boîte un peu d'argent pour les fournitures imprévues. Elle trouva soixante-cinq francs.

Il ne pouvait être allé à l'hôtel. De cela elle était sûre, connaissant ses réflexes de méfiance. Où était-il? Ce bureau reverrait-il un jour Clémence lisant à la dérobée *Les Vitamines* ou *Vie et mort des mots*? Quatre murs aussi morts que ceux de la chambre. Il fallait qu'il revienne. Elle effacerait les traces de l'accident, reconstituerait la chambre. « Rien ne s'est passé; aux brèches, Clémence. »

Elle réserva vingt francs, dépensa le reste de la somme : deux verres, deux bols, deux assiettes. D'annoncer le chiffre deux la réconfortait. Elle travailla tard en se hâtant. Elle ne souhaitait pas que Villaderda surgît. Il fallait qu'ouvrant la porte l'étonnement le pétrifiât. La chambre retrouvait son ancien visage, marqué maintenant de blessures superficielles, une seule lampe, pas de draps au lit, le paravent recollé, dans l'armoire les morceaux symboliques du manteau.

Que faisait Villaderda? S'était-il réfugié chez des amis? Les perquisitions pouvaient continuer, s'étendre. Il n'était donc pas chez des amis. Il ne reviendrait pas non plus ici. Que lui restait-il? Maintenant elle devinait.

Couleurs mouvantes, le jour approche. Pas pressés, l'asphalte glisse. Velours, tout est velours et sinuosité. Rideaux tirés. Rideaux rouges, en transparence. La lampe adoucie du matin. Pierres polies de la basilique. Premiers arbres, des verticales dont le feuillage s'emmêle encore au ciel. Camions de lait, livreurs musclés qui passent, noirs, devant les phares. Novaprix, astre mort, astre de jour. Le reste du chemin doit être fait à pied.

Villaderda écoutait les bruits du matin. On lui avait cédé ce coin, royal parce que solitaire. Une petite fille venait apporter du café. La veille il avait un peu bougé. Ses jambes étaient encore douloureuses, il préférait rester sur le lit improvisé le matin de son arrivée. Quelques types avaient apporté ce qu'ils pouvaient pour qu'il ne couche pas au ras du sol.

Son arrivée, il commence à peine à la retrouver. Pendant deux jours il est resté insensible à toutes choses, abruti, absent. Chacune des sensations de cette nuit folle remonte à la surface de sa mémoire. Solitude quand elle a fermé la porte du bureau. Attente vaine de son retour. Marche dans le triangle habituel, cafés-tabacs-comptoirs. Montée, descente, remontée du désir, écraser une fois pour toutes l'oppression qui pareille au capitalisme ne met pas ses œufs dans le même panier ni ses mensonges sous les mêmes fronts. Elle s'est enfuie, tant mieux, il aurait un massacre sur les bras. Il a tout détruit pour tout détruire car chacun des objets gardait un peu de sa fibre et l'attachait à cette chambre. Il a coupé les liens. Après ce qui vient de s'accomplir, Clémence ne pourra plus oublier. Forcée de lui en vouloir *in aeternum*. Terminé, terminé, dirait Éloy. Il s'est endormi et c'est le contact de sa main glissant dans les éclats de verre qui l'a réveillé un peu plus tard. Il s'est levé, s'est souvenu, a lavé sa figure, pris sa valise et gagné la rue. Rue vide avant le jour. Il a marché, anxieux, indécis, seul comme jamais, ne sachant où s'arrêter. Un taxi l'a croisé, il a dit : « La Chapelle, ensuite je vous expliquerai. » A Marville il a quitté le taxi, marché sans voir, en homme poursuivi. Il a reconnu l'arbre. Derrière l'arbre, plus rien. Un fossé. Des mottes de terre. Il est revenu sur ses pas. Le ciel s'éclaircissait doucement. Il a tourné en rond comme en un cauchemar. La Campa avait disparu. Il a failli s'asseoir par terre, assommé, épuisé, puis il a distingué le contour d'une cabane, il s'est approché. Cabane à outils, solitaire au milieu d'un champ. Il a laissé sa valise à l'intérieur puis s'est ravisé, l'a reprise, s'est avancé jusqu'à l'autre bout du champ. Sur des cailloux il a trébuché. Le tracé d'une route commençait là. Bouquet d'arbres à l'horizon. Il a cru voir le profil d'une roulotte à gauche des arbres. Pour y parvenir, il a marché dans la boue, levant haut ses pieds qui enfonçaient. Après une autre route caillouteuse aussi, il a trouvé devant lui le campement reconstitué là, dans toute sa misère. Quatre portes avant de se faire comprendre. La baraque d'Andrès, « il faut que tu m'héberges, deux ou trois jours, peut-être plus. Tu sais les événements? » Adjacente au trou d'Andrès, cette case. Pas de lumière, tant mieux, il ne lira pas, repos complet. On va lui fabriquer un lit. La petite fille lui apportera à manger. « A boire seulement, je ne veux pas manger. » Il a dormi un jour entier. Somnolé plus exactement. Sensation aiguë de bien-être, « je suis à l'abri, je suis arrivé ». Et dans sa somnolence les trois mots prennent une signification différente : je suis arrivé. Le deuxième jour, la voix d'Andrès l'a réveillé. Nuit encore, cinq heures et demie. Andrès est sorti pour uriner, il l'a appelé; l'autre est entré, il a dit : « Je dois partir, mon chantier est loin d'ici. A sept heures ce soir on parlera. » Villaderda l'a regardé partir, puis il s'est levé pour uriner à son tour. Il a contemplé les baraques, les silhouettes, retrouvé des images endormies, des odeurs surtout, particulières aux endroits misérables, nourritures aigres cuites dans des bassines où les graisses ont déposé leur écume, linge lent à sécher, paillasses mouillées. Des enfants se sont montrés, certains s'en sont allés. La petite fille s'est approchée, tenant un verre de café. Celle-là fréquentait l'école. Il l'a vue partir avec sa jupe jaune et ses cheveux emmêlés. Autour de sa case, on allait et venait. Il s'est endormi à nouveau puis réveillé quand la petite fille est apparue. Elle lui a présenté un autre verre de café. Il l'a questionnée. Neuf ans, elle aime assez l'école. Aujourd'hui elle a appris... elle tire de sa poche une carte que la maîtresse a distribuée.

Carte de calories des aliments.
Apprendre à bien se nourrir.
Ce qu'il faut à mon corps pour grandir
Et se développer.

Il a pensé aux odeurs graisseuses. Un peu plus tard, Andrès est arrivé. Ils ont parlé. « Ici ça marche mieux mais c'est difficile. On continue. Là-bas aussi ça continue. » Il pensait aux Asturies. D'autres hommes se sont approchés mais n'ont pas franchi l'entrée. Le seul son de leur voix était un réconfort. Quand la nuit est venue, la petite fille est arrivée, tenant une bougie allumée. Villaderda s'est alors souvenu de Clémence mais elle restait en recul derrière Andrès, derrière la petite fille et les contours de la Campa. Un peu plus tard, Clémence est revenue. Pas Clémence exactement. Son manteau et les quatre billets cousus dedans. La petite fille et la carte des calories. Il s'est senti gêné. Meunier, la rue Saint-Honoré, Bruxelles, le récapitulatif n'ont plus ici aucune consistance. « On continue », a dit Andrès.

L'émotion et non le froid la faisait grelotter. Elle trouva la porte indiquée. Encore couché, Villaderda voulut voir et alluma son briquet.

— C'est Clémence, c'est moi.

Elle refusait de discuter, répétait : « Tu dois venir, tu peux venir », n'écoutait aucune de ses explications, disait qu'il fallait partir maintenant.

N'était-ce pas un piège, pensa-t-il un instant, mais il partit quand même avec elle après avoir laissé un mot pour Andrès. Pendant le long trajet jusqu'à Marville ils ne dirent aucun mot. Ils eurent la chance de prendre un autobus sans attendre. Clémence tenait sa main. Sur les carreaux roulait la pluie. Villaderda ouvrit sa valise, en sortit son chandail et le posa sur les bras nus de Clémence à qui la chaleur retrouvée rendit confiance. Quand elle ouvrit la porte de la chambre, il resta figé. Il avait redouté les murs comme une carcasse vide sur les décombres de la chambre. Rien n'avait changé ou si peu. Il ne pouvait demander pardon, ça n'était pas de cet ordre-là, mais il recevait beaucoup de leçons depuis trois jours.

Ils parlèrent longuement mais surtout de l'avenir. Dans quelques jours, lorsqu'il serait possible de les joindre, il contacterait les gens qui pouvaient avoir besoin de lui. La suite importait peu et puisqu'ils venaient d'en convenir, Clémence l'accompagnerait partout où il devrait vivre. Comme il fallait qu'il se livre tout dans ses moments de tendresse, il rapporta les émotions et les remords qui l'avaient traversé sur son lit de la Campa. Il n'était pas encore exterminé, le prolétariat de misère ; elle n'était pas oubliée, la saveur de la liberté.

Ils continuèrent à parler, ils avaient l'impression de s'être séparés pendant un long temps. Dans le lit sans drap ni couverture, ils s'endormirent enroulés l'un à l'autre.

En se levant, Villaderda prit la décision de sortir. Il irait au bureau, réglerait les questions comptables, remettrait les clés. Le surlendemain, Clémence donnerait sa démission.

— Sans regrets ?

Elle haussa les épaules.

Le bout rouge de sa cigarette venait de tomber. Il examina son pantalon, se mit debout, passa la main sur le bord du bourrelet, puis entre le sommier et le matelas. Ses doigts ramenèrent un papier qu'il jeta par terre. Clémence faillit se précipiter. Troublée parce qu'elle l'avait reconnu, elle manqua de rapidité. Villaderda tendit la main, se saisit de la feuille froissée et lut. Il resta plusieurs minutes les yeux rivés sur la dernière ligne.

Clémence voulut parler. Il l'arrêta. « Pas un mot. Surtout pas un mot! » Elle diminuait, prenait la taille d'un rat, d'un insecte. Il n'était que trop resté le nez sur ce papier. Se relevant, il ramassa cigarettes et briquet, enfila sa veste, prit la valise qu'il n'avait pas eu le courage de défaire la veille. Clémence ne dit rien, ne tenta pas de le retenir. Elle sentait, elle savait qu'il ne reviendrait plus et que pour longtemps elle venait de le condamner à la solitude.

GABRIELLE

« Long silence », indique Simon. « Clémence immobile. Éclairages successifs. Le soleil de midi, clarté assourdie, la pénombre, la nuit. »

Pendant une de leurs promenades autour du square des Batignolles, il avait essayé de savoir par des comparaisons subtiles avec son propre travail comment s'était élaboré le récit de Gabrielle. Elle avait alors détourné la conversation vers d'autres sujets. Aujourd'hui, elle aperçoit différemment les questions de Simon. Aujourd'hui, elle y répondrait. Pendant cinq longues soirées ils se sont promenés, il a quitté ses occupations, il est venu, qu'a-t-il trouvé? Le mutisme de Clémence, les dérobades de Clémence. Pouvait-il deviner le bouillonnement que recouvrait cette façade morne, le désir qu'elle ressentait de longues marches à son côté, d'un tour ensemble dans le café aux rideaux à damiers, et le sommeil, un soir, la surprenant dans la chambre si bien ordonnée? Demain, quand il écrira, quand il l'invitera, elle lui apparaîtra si distincte de Clémence, si différente que la vérité lui sautera aux yeux.

Il deviendra inutile de rapporter à Simon ce qui

s'est réellement passé. L'histoire de Clémence prend fin sur le départ de Villaderda.

Que Gabrielle entende encore le bruit de la porte — un bruit presque doux, Villaderda l'avait précautionneusement tirée derrière lui — ne peut indéfiniment la lier à Clémence.

L'existence partagée avec Villaderda s'est achevée comme dans le récit. Chez Gabrielle la même absence de réaction qu'au matin où découvrant la chambre ravagée elle avait haussé les épaules. Elle connaissait trop Villaderda pour se précipiter derrière lui. Il était vraiment parti. Une phrase qu'elle avait négligé de rapporter pour donner à la fin plus de sécheresse encore, pour dépouiller de toute arabesque le dessin du dernier matin, une phrase de Villaderda ; il ouvrait les yeux, il regardait Gabrielle verser le café dans les bols, il se redressait, la saisissait par ses cheveux qu'elle n'avait pas encore attachés, les roulait entre ses doigts comme une soie et plaisantait gaiement : « C'est donc en toi que je vais placer ma confiance dorénavant ! Ce sera bien la première fois ! »

Comment s'est introduite l'idée de raconter cette histoire ? Elle se souvient des deux journées qu'elle a passées immobile, buvant seulement beaucoup d'eau, du même geste qu'avait Villaderda, glouton et pressé. Au matin du troisième jour, voulant sortir, elle a commencé de pleurer comme on saigne du nez, sans bruit ni retenue. Ses yeux tuméfiés l'ont obligée à garder la chambre un jour encore. Mais retrouvant la rue, elle a deviné les souffrances qui l'attendaient dehors, elle a préféré s'enfermer à nouveau. Toutes les phrases de Villaderda s'entendaient encore entre les murs. Sa voix, particulièrement, résonnait distincte. Les journées ont passé, rapides. Corps couché, ralenti des gestes et des pensées. Mais l'obscurité chaque fois est venue la réveiller. Elle allait à ce moment respirer à la fenêtre et se retournait sur le vide. Quelque part, dans une quelconque chambre anonyme, Villaderda défaisait sa valise. Papiers méticuleusement rangés et chaussettes roulées. Dans le lavabo surmonté d'une ampoule, il savonnait sa chemise.

Aucune provision dans la chambre. Le mieux n'était-il pas de mourir doucement dans ce lit? Mais il n'y avait pas de mort douce et c'était encore une façon de décevoir Villaderda. Ne lui avait-il pas avoué le dernier matin encore : « Ton absence de désespoir finissait par m'ébranler »?

Si Clémence connaissait les parents d'Éloy, Gabrielle ne les avait jamais vus. De même, ses relations avec Éloy n'avaient jamais pris le tour affectueux et confiant qu'elle s'était plu à leur prêter dans le récit. Elle avait ressenti une véritable volupté à décrire une cuisine embuée, le café de la Chapelle et le représentant volubile et tourmenté qu'elle n'avait pas connus. Il avait donc fallu longuement réfléchir avant de partir un matin pour la longue marche de la rue Vivienne au Novaprix. La traversée avait duré plusieurs heures avec des haltes à chaque square. Elle avait attendu au carrefour de Marville l'arrivée de Pilar. Celle-ci, chichement, lui prêtait dix francs, ne disait pas un mot de son frère et s'en allait ouvrir le magasin, car maintenant elle tenait la caisse jusqu'à l'arrivée d'Olga qui faisait ainsi sa sieste quotidienne.

En quatre semaines Gabrielle avait rédigé l'histoire de Clémence. Dans la chambre, la voix de Villaderda faiblissait, ne sortait plus des murs avec la même résonance. Pour la saisir, Gabrielle devait se plaquer contre eux. Quand elle eut fini d'écrire, il lui sembla décoller un long sparadrap d'une blessure. Douleur et soulagement.

Simon restait là, dérisoire. Sous son bras les feuillets glissaient. Il les rattrapa mais ils s'éparpillèrent à nouveau. Ça n'était pourtant pas la première fois qu'un projet avortait.

Est-ce qu'au fil des années les échecs deviendront plus douloureux? Dira-t-il un jour, comme Villaderda, « je suis un homme fatigué »? Alors il acceptera, et las d'attendre, il rentrera dans le rang. Descendant la rue de la Mairie, il s'arrêta au comptoir d'un café. Près de lui Clémence et Villaderda reposaient dans leur cercueil de pages noires. La glace du comptoir reflétait le visage vidé de Simon. Mais depuis longtemps son aspect avait cessé de l'intéresser.

Maintenant il faudrait écrire à Gabrielle. Il ne voulait pas la revoir, il n'avait plus le temps. Elle était de ces êtres qu'on découvrait patiemment, elle avançait et reculait, elle avait peur des autres, il fallait la rassurer, la guérir de cette méfiance inoculée par Villaderda. Il n'avait plus le temps.

Depuis trois semaines, Gabrielle attend la lettre que Simon ne manquera pas de lui envoyer. N'a-t-il pas dit : « Vous viendrez aux répétitions »? Ce matin elle a essuyé un échec. Offre d'emploi, tests de contrôle, résultats insuffisants. Dans la salle d'attente, les femmes convoquées se passaient des adresses. Elle sort du tabac ses timbres à la main quand un profil dans la glace la fait se retourner. Anna est assise et paraît attendre. Gabrielle émue la regarde.

Dans le récit de Clémence, Anna garde son vrai prénom. Mais Gabrielle n'a pas su rendre toute la douceur dont Anna s'enveloppait. La voici qui se lève et reconnaît Gabrielle.

— Je n'habite plus le *Strasbourg*, je travaille, oui. Je suis bien, je vais très bien.

Toujours la même, laconique et réservée. Elle va mieux en effet. Gabrielle ne reconnaît pas ses yeux. Elle est vivante.

— Et vous travaillez encore avec... comment s'appelait-il?

— Je cherche du travail.

Anna vient et disparaît dans sa vie, étrangement.

— Voici une adresse, a-t-elle dit. C'est certainement ce qu'il vous faut. Allez-y de ma part.

Gabrielle a besoin de s'en remettre à quelqu'un. Anna ne peut pas se tromper.

Posant sa valise, elle prit la lettre et reconnut l'écriture de Simon. Elle la lirait dans le taxi qui attendait devant la porte. Adieu au gérant, à l'hôtel, au quartier. Elle n'y laissait rien.

Chère Gabrielle Fardoux,
Je suis déçu et malheureux. Notre travail avançait bien, il faut l'interrompre. Le billet ci-joint vous en fournira la raison. Quant à moi, elle me navre. Nous n'abandonnons pas, nous tenterons ailleurs, plus tard. Mais si nos camarades eux-mêmes ne nous comprennent pas...

Simon.

« La Municipalité de M..., après avoir accepté le principe de la création dans son théâtre d'*Un homme fatigué*, est revenue sur sa décision et a annulé l'engagement consenti. Le sujet de la pièce — comme du livre — tend à présenter sous un jour équivoque un républicain espagnol en exil. La Municipalité juge inopportun de jeter par ce biais le discrédit sur les combattants espagnols. »

L'exil, la vie en marge dans la société du profit, ça n'abîmait pas un homme! Il n'y avait que des purs et des forts, des héros qui avançaient tête haute, cheveux flottant au vent de l'histoire, souriant du clair sourire des surhommes. Qu'en aurait pensé Villaderda — il avait fléchi pendant dix-huit mois — qui regardait partir les trains de vacances vers l'Espagne des castagnettes?

Point final, cette lettre. Heureuse coïncidence, elle est venue dans ce moment, dans ce taxi, lieu indéterminé, mobile, hors du temps. A éviter, le coup de poing des souvenirs, leur prolongement à travers des objets précis. Regardant le compteur, elle vit : 16,00 F. A quoi rimait cette dépense? Que signifiait ce cérémonial du taxi parce qu'elle quittait définitivement un lieu? Elle n'était même pas en retard. Neuf, dix heures, lui avait-on précisé.
— J'arrête avenue Renan?
Sa valise ne pesait pas trop. Rue Guynemer, elle fit une petite halte pour ne pas arriver fatiguée. Le trottoir de droite longeait un mur sombre. s.e.v. marchal plaqué dessus en grosses lettres rouges. A la grille, une courte file disciplinée, quatre femmes grises et frigorifiées et la dernière, une jeune négresse qui secouait ses pieds l'un après l'autre pour passer le temps ou se réchauffer. Par les carreaux des vasistas, Gabrielle apercevait les tubes de néon qui éclairaient les ateliers. Une odeur s'échappait qui

ressemblait un peu à l'odeur du métro, mélange d'acide et de ferraille souterraine.

Gabrielle s'adossa aux barreaux de l'Hospice. On n'imaginait pas que tant de gens vivaient à l'intérieur. Aucun bruit ne sortait de Corentin-Celton. A chaque fenêtre maintenant se collaient des visages immobiles, composant une pathétique frise de masques morts qui s'allongeait jusqu'au point de jonction de l'Hospice et des massifs de fleurs, à l'autre bout de la cour.

La grille de la S.E.V. MARCHAL s'ouvrit et les cinq femmes se précipitèrent vers la porte marquée « Embauche ».

Gabrielle reprit sa valise et avança. Villaderda se serait satisfait de ce spectacle. Il aurait vu là un raccourci de l'existence. De la S.E.V. MARCHAL à Corentin-Celton, la rue seulement à traverser. On se présentait à la grille comme les femmes tout à l'heure et quand on en sortait, on était bon pour aller finir en face. L'hospice et l'usine, deux piliers symétriques, et de l'un à l'autre, le trajet restait vraiment très court.

Gabrielle entra au « Berceau de l'aviation » et but un café. Ses propres pensées la révoltaient. Pas question de se résigner. Elle n'était pas seule à refuser cela, à vouloir élargir la rue. Marchant jusqu'au carrefour Victor-Hugo, elle en fit le tour une fois, le recommença dans le sens inverse, décrivant ainsi une sorte de cercle avant de pénétrer dans le « Café des Amis ». Une porte grillagée, mitoyenne, ouvrait sur une cour en rectangle. Un grand pan de mur cimenté formait l'autre longueur du rectangle. L'avant-veille, venue se présenter, elle avait failli repartir. Le café semblait pris en étranglement par ces deux murs. Ce matin, ils la rassuraient plutôt. La grande femme blonde dit : « Vous êtes à l'heure, vous aurez le temps de vous habituer avant midi. » Dans la salle du café une petite vieille essuyait les tables. La chambre donnait sur le pan de mur. Malgré cela elle restait assez claire.

« Anna s'y plaisait bien. Ici, elle avait installé ses pots et sa radio. Elle a tout laissé en partant. On a installé ses pots dans la salle, vous pouvez garder sa radio. Voilà ! A tout de suite. »

Anna ne s'était pas souciée de faire suivre ses plantes ? Qu'est-ce qui avait changé sa vie ? Gabrielle défit sa valise. A cette heure, dans une chambre jumelle, Villaderda buvait son café. Ou relisait ses papiers, lumière allumée. Même en plein jour, il ouvrait les lumières. Lui arrivait-il de penser à Gabrielle ?

La chambre appartenait au deuxième corps de maison. Pour regagner le café, Clémence traversa l'espèce d'étranglement entre les deux murs. Un corridor sans fond, ouvert sur la rue et sur la cour à l'autre bout. Protégé du vent, du soleil, presque sombre. Dans la cour, trois portes en bois vert. L'une, bien reconnaissable à son hublot en forme de trèfle. Clémence poussa la deuxième, elle donnait dans la cuisine. En la refermant elle lut, inscrit au crayon bleu, près du loquet : « Anna je t'ai. » Les deux dernières lettres, m-e, commençaient à disparaître.

Quand elle revint dans le café, la vieille femme s'était assise près du radiateur et parlait toute seule. Devant une table, un homme travaillait un morceau de bois.

« Vous les connaîtrez vite. Ils viennent tous les matins, mais à une heure je les fais partir à cause de la clientèle qui a besoin des tables. S'ils commencent à parler trop fort, je me fâche. Il faut les tenir ! »

Encore une qui voulait tenir les gens. Pourtant, ça pourrait être facile de travailler à son côté. Elle paraissait avare de phrases. L'homme au morceau de bois s'approcha pour le lui montrer. Elle apprécia.

« Il faudra, dit-elle un peu plus tard, que Roland vous raconte l'histoire du morceau de bois. »

Il travaillait. (Il ne précisa pas davantage.) Dans son atelier, il avait aperçu un jour un beau morceau de bois oublié là. Peu à peu son désir avait grandi de prendre ce bois et de le façonner. Ça devenait irrépressible. Il ne pouvait plus travailler, il imaginait le bois dans sa main et le couteau qui le sculpterait. Un soir, il avait pris le bois, le lendemain il s'était installé au café, il avait commencé de tailler, un bateau. Il passait tous ses jours à poncer, creuser, en gestes lents et mesurés. Comme il avait oublié de se mettre en règle, son patron l'avait licencié. Mais il lui restait encore assez d'argent pour payer sa bouteille du matin et son café de l'après-midi jusqu'à terminaison du bateau. Un détail encore. Sa femme venait de le quitter, on ne reste pas avec un paresseux. Gabrielle prit beaucoup de plaisir à le regarder. Pour éviter de salir la table, il avait installé un journal où tombait la sciure du bois. Il parlait seul ou avec la vieille femme. Ou tous deux parlaient ensemble, sans s'écouter. A chaque client qui entrait, elle posait la même question :

— Tu sais que je ne peux pas marcher jusqu'au métro. Tu m'emmènes à Paris ?... est-ce que tu ne vas pas à Paris ?... tu as ta voiture ? c'est pour aller à Paris.

— La semaine prochaine, lui répondait-on le plus souvent.

La patronne haussait les épaules. Au comptoir venaient de s'installer deux femmes en manteau et chaussons de feutre. Un peu plus tard, elles allèrent s'asseoir auprès de Laurent qui continuait à poncer voluptueusement la coque de sa barque. A une heure, la patronne claqua dans ses mains, ils partirent tous. La vieille habitait en face. En sortant, elle prit le bras d'un des ouvriers qui poussait la porte.

— C'est à toi, la voiture blanche?

Ils revinrent dans l'après-midi. Gabrielle les attendait avec impatience. Elle rangeait les assiettes dans la cuisine et entendait la voix de Roland qui s'adressait à la patronne.

— Pas bavarde!
— Timide.
— Pas très futée non plus.
— On verra. Elle est à l'essai.
— La vie c'est dur, elle apprendra ça, dit la vieille.

Elle voulait rester. Anna ne s'était pas trompée. Déjà elle se sentait bien. Le corridor entre les deux murs, la chambre, Roland (ou Laurent, elle n'avait pas bien saisi mais ce doute la satisfaisait), le ponçage lent, la proue qui prenait forme, la vieille qui répéterait souvent que la vie... Elle sortirait de là un jour, neuve et forte.

Qu'importait ce qu'ils pensaient d'elle aujourd'hui?

Villaderda l'avait-il mieux connue? Et Simon, qui n'avait pas pris la peine de la revoir, quelle image garderait-il d'elle? Quelques années plus tôt, se promettant de tenir une espèce de journal qui partirait de sa jeunesse et se terminerait à sa mort, elle avait commencé ainsi : « Abritée derrière mon apparence, je demeure invisible à tous. Qui me connaît? »

DU MÊME AUTEUR

ÉLISE OU LA VRAIE VIE
A PROPOS DE CLÉMENCE

*Cet ouvrage
a été achevé d'imprimer par
Firmin-Didot S.A. Paris-Mesnil
le 20 janvier 1982
Dépôt légal : janvier 1982
1er dépôt légal dans la collection : février 1973
Imprimé en France (9406)*

29857